AF462783

Exposition Universelle et Internationale

# DE LIÉGE 1905

GROUPE XVIII

# COLONIES FRANÇAISES

ET

PAYS DE PROTECTORAT

# RAPPORT GÉNÉRAL

Exposition Universelle et Internationale

# DE LIÉGE 1905

GROUPE XVIII

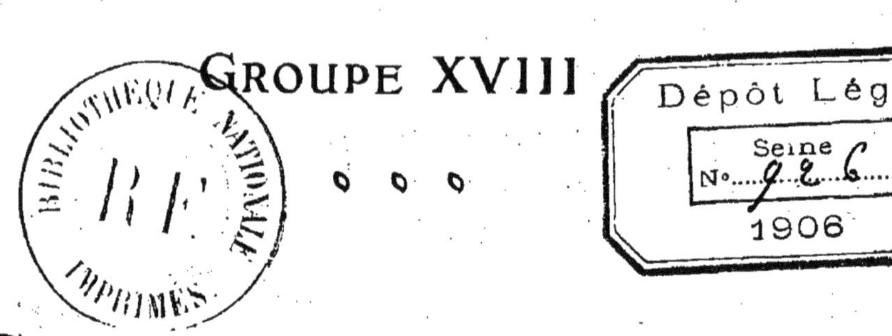


# COLONIES FRANÇAISES

ET

PAYS DE PROTECTORAT

# RAPPORT GÉNÉRAL

M. Paul MAUREL
*Négociant*
*Ancien Juge au Tribunal de Commerce de Bordeaux*
*Rapporteur général du Groupe XVIII*

# RAPPORT GÉNÉRAL du GROUPE XVIII

## Colonies Françaises et Pays de Protectorat

PRÉFACE

DE

M. Marcel SAINT-GERMAIN
*Sénateur*
*Président du Conseil d'Administration de l'Office Colonial*
*Président du Jury International du Groupe XVIII*

Illustrations de la *Dépêche Coloniale illustrée* et des *Actualités Diplomatiques Coloniales*

(Phot Nadar.)

M. Étienne CLÉMENTEL

*Ministre des Colonies.*

# PRÉFACE

---

Depuis 1889, les Expositions sont devenues de plus en plus fréquentes et la participation coloniale a suivi, dans une très large mesure, cette progression.

Après l'Exposition de 1889, où les Colonies remportèrent, aux Invalides, leurs premiers succès, celle du Trocadéro en 1900 semble avoir donné un élan vigoureux aux manifestations de ce genre, qui se succèdent maintenant à des intervalles très rapprochés.

L'Exposition de Saint-Louis, où nos Colonies étaient largement représentées, n'avait pas encore fermé ses portes, qu'il fallait déjà songer à préparer celle de Liége, et cela, à la veille de l'Exposition Coloniale de Marseille.

Pour Liége, la tâche se présentait sous un aspect assez ardu, pour les hommes chargés d'y assurer la participation des Colonies françaises.

Il s'agissait, en effet, de montrer à l'étranger, et dans un pays qui avait fait en 1897, à Tervueren, une merveilleuse exposition coloniale, les résultats des efforts accomplis par la France dans la mise en valeur de son vaste domaine d'outre-mer.

Malgré un horizon semé d'écueils, malgré les difficultés de toute nature qui surgirent, la participation coloniale fut assurée à Liége, et son succès dépassa toutes les espérances.

Le Commissariat des Colonies fut confié à celui qui, le premier, jeta les bases du concours apporté par la France à l'Exposition : à M. François Crozier, notre distingué Consul à Liége, qui, dès l'origine, guida le Comité belge et entama les premiers pourparlers qui conduisirent au colossal triomphe de nos compatriotes en Belgique.

C'est cependant à M. F. Crozier qu'échut l'organisation de la partie la plus ingrate, c'est-à-dire la plus difficultueuse de la Section française.

Pour mener à bien cette œuvre, il déploya toute l'activité dont il avait déjà donné la mesure à l'Exposition de 1900, en qualité de commissaire-adjoint de Madagascar. Il y mit, cette fois, plus encore, car il avait à cœur d'assurer à nos Colonies une représentation digne d'elles.

M. Georges Schwob, président du Groupe XVIII, comprenant les quatre classes formant la section coloniale, fut étroitement associé à l'œuvre du Commissaire spécial des Colonies.

M. G. Schwob apporta, en effet, à l'accomplissement d'une mission lourde et complexe, ses éminentes qualités d'administrateur, un dévouement au-dessus de tout éloge, qui contribuèrent largement au brillant succès de la Section coloniale française.

Il convient de louer également les collaborateurs dévoués et désintéressés dont MM. F. Crozier et Georges Schwob surent s'entourer, ainsi que l'*Office Colonial*, dont le pavillon spécial fut particulièrement remarqué.

On lira certainement avec un vif intérêt le consciencieux travail du rapporteur général du Groupe XVIII, M. Paul Maurel, qui a résolu le difficile problème de dresser, sous une forme concrète, l'inventaire économique de nos possessions d'outre-mer.

M. P. Maurel a eu l'excellente idée de placer à la suite de son Rapport général ceux des Comités des Classes.

MM. J. Schnerb, J. Vuillemin et M. B. Durand, respectivement rapporteurs des Classes 116 B, 118 et 119, passent en revue les envois des exposants. Le rapport de la Classe 117 (Procédés de colonisation : 1re Section : Colonies), rédigé par M. du Vivier de Streel, est plus développé. La première partie est un aperçu historique des procédés de colonisation employés par les Espagnols, les Portugais, les Anglais et les Français ; la seconde partie est consacrée à l'étude des méthodes de colonisation contemporaines ; la troisième s'occupe de l'exposition de la Classe 117. Le rapport de M. du Vivier de Streel constitue une œuvre d'un grand mérite.

M. G. Wolfrom, avec sa compétence bien connue des choses tunisiennes, a écrit un lumineux rapport sur la 2e section de la Classe 117 (Protectorats). M. Wolfrom est doublé d'un délicat artiste et nous le complimentons pour l'exécution de la charmante aquarelle qui orne ce volume déjà rehaussé de nombreuses gravures.

Le Rapport général de M. Paul Maurel, avec ses annexes, enrichit d'un précieux document la bibliothèque des œuvres coloniales.

La participation des Colonies à l'Exposition de Liége nous a déjà valu la publication, par M. J. L. Brunet, le dévoué secrétaire de la Classe 117, d'une importante notice dont l'intérêt survivra à l'Exposition et qui, comme le volume de M. Paul Maurel, sera utilement consultée par tous ceux qui s'occupent de choses coloniales.

Ces deux publications fixeront plus fortement les souvenirs souvent trop éphémères que le public emporte de ses visites aux Expositions.

A la fin du Rapport général, quelques pages en disent long sur les résultats obtenus à Liége par les Colonies françaises : c'est la liste des récompenses décernées aux exposants du Groupe XVIII et à leurs collaborateurs.

Nul doute que les conséquences pratiques ne se manifestent largement au profit de nos Colonies.

Le plus grand nombre d'entre elles, en effet, doivent par leur climat, leur situation géographique et économique, essayer d'attirer des capitaux, plus que d'encourager une trop forte émigration des colons européens. C'est par la présentation bien entendue des produits de nos possessions d'outre-mer, que les expositions coloniales arriveront à ce but véritablement utile à la prospérité et à l'extension économique de notre domaine colonial.

On peut dire qu'à Liége, le but a été pleinement atteint : l'œuvre coloniale de la France se dégagea avec force et vigueur de l'ensemble de la grande manifestation internationale dont la gracieuse cité belge fut le théâtre.

MARCEL SAINT-GERMAIN.

---

M. Marcel SAINT-GERMAIN

SÉNATEUR

*Président du Conseil d'Administration de l'Office Colonial,*
*Président du Jury international du Groupe XVIII.*

**M. F. CHAPSAL**

*Directeur au Ministère du Commerce,*
*Commissaire général de la France.*

# Les Colonies françaises à l'Exposition de Liége

Les pavillons de la section des colonies françaises et des pays de protectorat à l'Exposition de Liége se trouvent groupés sur l'emplacement de l'ancien Jardin d'Acclimatation, dans le parc de la Boverie.

Ce jardin, délicieusement ombragé, s'étend sur toute l'extrémité de la presqu'île formée par la jonction de la dérivation de l'Ourthe avec la Meuse qui le baigne d'un côté sur toute sa longueur ; de l'autre, un vallonnement pittoresque, au fond duquel dort un petit lac, accidente agréablement le paysage et ménage de riantes perspectives entre les massifs de verdure et de fleurs.

Tel est le cadre dans lequel a été disposée l'Exposition des Colonies — on pourrait dire des colonies françaises — car à la seule exception du Palais de l'Etat Indépendant du Congo, tous les autres Pavillons Coloniaux arborent nos couleurs.

Ce sont, par ordre d'importance :

Le Palais de l'Afrique, où sont groupées les Expositions des Colonies formant le Gouvernement général de l'Afrique Occidentale Française, l'Exposition du Gouvernement général de Madagascar, celles du Congo Français, de la Côte des Somalis et de la Réunion ;

Le Palais de l'Asie, où se trouvent les installations du Gouvernement général de l'Indo-Chine et des pays qui en dépendent, celles des Etablissements Français de l'Inde et de la Martinique ;

Le Palais de la Tunisie, spécialement affecté à l'Exposition du Gouvernement de la Régence ;

Le Pavillon de l'Office Colonial, où sont réunies de très intéressantes collections ethnographiques et de nombreux échantillons de tous les produits de nos colonies ;

Enfin, trois Pavillons constituant des modèles de maisons coloniales, dont l'un renferme l'Exposition de la Guyane et du Service de Santé des Colonies ; dans un autre, sont installés les bureaux du Commissariat des Colonies ; le troisième est affecté au Syndicat de la Presse Coloniale française.

Toutes ces constructions, à la seule exception du Palais de la Tunisie, édifié par le Gouvernement Tunisien sur les plans du service d'architecture de la Régence, ont été érigées sur les dessins de M. Léopold Decron, architecte du Ministère du Commerce à Paris. Les aménagements intérieurs sont l'œuvre de M. Charles Lefebvre, architecte du Ministère des Colonies à Paris.

L'intéressante exposition de l'Algérie est installée dans un coquet pavillon voisin du Palais de l'Afrique.

Pavillon de l'Office Colonial. — Entrée principale

Borderel, constructeur

Les Bureaux du Commissariat des Colonies et Protectorats à l'Exposition
(Parc de la Boverie)

(Phot. Eug. Pirou, rue Royale.)

M. F. CROZIER

*Consul de France à Liège*

*Commissaire des Colonies et Protectorats.*

Elle n'est pas comprise dans la section des Colonies Françaises et des Pays de Protectorat qui forme le groupe XVIII de la classification générale. Ce groupe est subdivisé en 4 classes : la classe 116 (Commerce), la classe 117 (Procédés de Colonisation), la classe 118 (Matériel Colonial), et la classe 119 (Produits spéciaux destinés à l'exportation dans les colonies).

Ces diverses classes ne réunissent pas moins de 517 exposants.

Le nombre des colonies représentées, la variété des envois qui ont été faits, le choix judicieux des documents et des échantillons exposés, la méthode remarquable qui a présidé partout à leur disposition, font de la participation coloniale française à l'Exposition de Liége une manifestation dont l'importance est sans précédent dans les Expositions Universelles à l'Etranger.

On la doit à l'heureuse initiative et à l'active intervention de M. le sénateur Saint-Germain qui a trouvé l'appui le plus empressé auprès de M. Doumergue, alors Ministre des Colonies.

Son successeur, M. Clémentel, a assuré à son tour le succès définitif de l'œuvre entreprise en lui apportant son adhésion précieuse et son concours le plus bienveillant.

Les crédits mis à la disposition du commissaire des Colonies furent des plus modestes et cette pénurie de fonds se compliqua encore de retards successifs dans leur délivrance, ce qui rendit très pénible la mise en route des premiers travaux.

D'autre part, en raison de la proximité de l'Exposition coloniale de Marseille, la plupart des colonies n'ont pas donné tout l'effort dont elles étaient susceptibles.

Certaines d'entre elles n'ont pas compris tout d'abord l'importance d'une exposition des produits coloniaux à l'étranger. Dès l'ouverture les demandes de renseignements tant de Belgique que d'Angleterre, d'Allemagne, etc., ont afflué au commissariat des Colonies, démontrant l'intérêt pratique d'une telle manifestation.

Grâce à l'active collaboration de M. G. Schwob, président du groupe XVIII, et de M. F. Crozier, consul de France à Liége, commissaire des Colonies, secondés dans leur tâche difficile par MM. Roll, secrétaire du Commissariat des Colonies, J.-L. Brunet, Max Robert, délégué du gouvernement général de l'Afrique Occidentale, et Maria, administrateur adjoint des Colonies, l'Exposition Coloniale Française à Liége a bénéficié d'une organisation vraiment remarquable.

De leur côté, le bureau du groupe XVIII et les bureaux des quatre classes qui en dépendent, présidés par MM. Couturier, directeur du Crédit foncier Colonial, L. Binger, gouverneur des Colonies, directeur du service de l'Afrique au Ministère des Colonies, C.-L. Delavaud, ministre plénipotentiaire, directeur du cabinet du Ministre des Affaires Etrangères, A. Farcot, constructeur, et Léon Fould, vice-président de la Chambre Syndicale du Commerce d'Exportation, ont dépensé sans compter l'activité la plus éclairée et le dévouement le plus désintéressé dans l'accomplissement des missions diverses qui leur incombaient.

Bien que placée dans des conditions matérielles très onéreuses, ayant à sa charge le nivellement des terrains et l'édification des bâtiments, les prix demandés aux exposants de la Section coloniale ont été de beaucoup inférieurs à ceux de n'importe quel autre groupe français ou étranger, où cependant les Comités de classes trouvaient les bâtiments élevés et le sol couvert d'un plancher. La manutention elle-même était plus coûteuse dans les pavillons coloniaux, car il fallait y camionner les colis et les décharger à bras, tandis que les exposants des Halls de l'Industrie avaient à leur disposition, dans toutes les parties du bâtiment, des voies ferrées, par lesquelles les colis étaient directement amenés aux emplacements qui leur étaient destinés, et des appareils de levage pour décharger les colis de poids lourd.

Malgré les difficultés financières, malgré les obstacles matériels, la Section coloniale française fut prête parmi les premières de l'Exposition de Liége.

La partie officielle de l'Exposition Coloniale comprend tous les principaux services du Ministère des Colonies et présente un ensemble des plus complets : les Inspections générales de l'Agriculture, du Service de Santé, des Travaux Publics, du Service Géographique et des Missions, l'Office Colonial, enfin, les Services des Gouvernements généraux de la Côte Occidentale d'Afrique, de l'Indo-Chine, et de Madagascar ont merveilleusement réussi à offrir au visiteur, sous la forme de graphiques, de plans, de statistiques et de photographies, la claire vision de l'activité sociale, agricole, commerciale et industrielle de notre domaine colonial.

Le Commissariat a répondu autant qu'il a pu à toutes les demandes de renseignements, en faisant la correspondance dans les trois langues française, allemande, anglaise et les a transmises aux colonies intéressées quand il ne possédait pas les documents nécessaires pour y donner satisfaction

La Direction de l'Agriculture et du Commerce du Gouvernement tunisien avait fait préparer des registres à souche destinés à recevoir les demandes de renseignements. Les feuillets détachés chaque jour étaient envoyés à Tunis qui adressait directement et sans perdre de temps les réponses aux demandeurs.

Grâce à tous les éléments d'information réunis à Liége et qui révèlent la situation actuelle de nos plus importantes colonies, on est tout naturellement conduit à se reporter à quelques années en arrière pour juger du chemin parcouru et des progrès réalisés.

L'inventaire si complet qui permit de dresser la grande manifestation coloniale du Trocadéro en 1900 se présente dès lors à l'esprit comme la base la plus solide de cette étude comparative.

Sans doute, la période de quatre années qui s'est écoulée depuis peut paraître bien courte si l'on songe à l'étendue et à la complexité de l'œuvre poursuivie : l'organisation définitive et la mise en valeur de notre Domaine Colonial, de création si récente encore. Une telle étude ne ménage cependant que de réconfortantes constatations, et l'on demeure surpris de la somme extraordinaire d'efforts et de labeur dépensés en si peu de temps.

(Phot. Otto.)

M. Georges SCHWOB

*Membre du Conseil supérieur des Colonies,*
*Membre du Conseil d'Administration de l'Office Colonial,*
*Président du Groupe XVIII,*
*Président du Jury international de la Classe 117.*

Pour être complète, cette étu[de] exigerait des développements ho[rs] de proportion avec le cadre modes[te] de ce rapport : il ne compor[te], en effet, qu'un simple examen de [la] situation de nos diverses coloni[es] telle qu'elle ressort des documen[ts] qui figurent à l'Exposition de Liég[e], examen qui sera utilement éclai[ré]

M. Paul MAUREL

*Négociant*
*Ancien Juge au Tribunal de Commerce de Bordeaux,*
*Rapporteur général du Groupe XVIII*
*Secrétaire-Rapporteur du Jury international du Groupe XVIII et de la classe 116.*

M. J.-L. BRUNET

*Membre du Conseil Supérieur et du Com[ité] Consultatif des Colonies,*
*Secrétaire du Comité de la Classe 117,*
*Secrétaire-Rapporteur du Jury internation[al] de la Classe 117.*

M. Max ROBERT

*Administrateur des Colonies,*
*Chef adjoint du cabinet du Gouverneur général de l'Afrique occidentale française,*
*Délégué du Gouvernement général à l'Exposition.*

de loin en loin par un rapide cou[p] d'œil jeté sur le passé.

Après avoir ainsi précisé le che[-]min déjà parcouru et rappelé d'u[n] mot celui qui reste encore à pour[-]suivre, peut-être ne sera-t-il pa[s] sans intérêt de consacrer quelque[s] lignes, en manière de conclusion, aux considérations d'ordre généra[l] que suggère l'étude de l'histoire d[e] notre expansion coloniale.

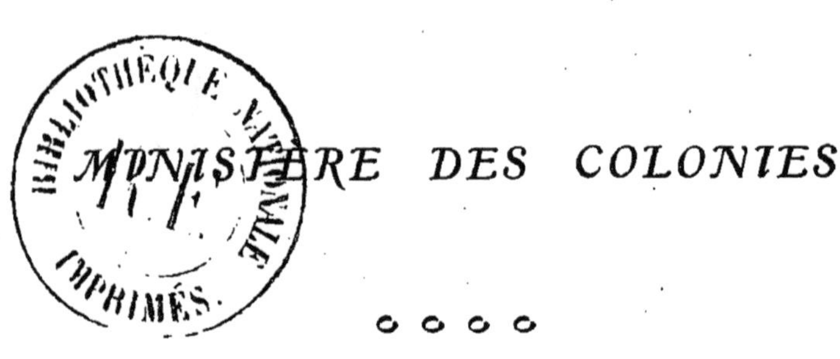



## MINISTÈRE DES COLONIES

# COLONIES

# AFRIQUE

## Gouvernement Général de l'Afrique Occidentale.

Aucune de nos colonies n'a été l'objet, depuis quelques années, de modifications administratives aussi profondes que l'Afrique Occidentale.

Dès l'année 1895, un décret instituait un Gouvernement général de l'Afrique Occidentale; mais cette réforme ne modifiait guère, au

Pavillon de l'Afrique

point de vue pratique tout au moins, l'état de choses antérieur : ce n'était encore qu'une ébauche.

L'action du Gouverneur général demeurait limitée au Sénégal et au Soudan, les trois autres colonies du Dahomey, de la Guinée et de la Côte d'Ivoire conservant une entière autonomie administrative et financière. Il appartenait au décret du 1er octobre 1902 d'organiser effectivement le Gouvernement général de nos possessions de l'Ouest

Africain, en plaçant sous son autorité toutes les colonies qui devaient logiquement en dépendre. Un dernier pas restait à faire. Le rôle du Gouverneur général n'avait pas toute l'étendue que comportait la haute responsabilité qui lui était dévolue. Cette lacune a été comblée par le décret du 18 octobre 1904 qui crée un budget comprenant toutes les dépenses d'intérêt général du Gouvernement de l'Afrique Occidentale et qui modifie les limites géographiques de certaines des colonies qui en font partie.

Les pays de protectorat qui avaient été rattachés en 1902 au territoire de la Sénégambie-Niger sont restitués à la colonie du Sénégal; l'ancien Soudan Français revit sous le nom de colonie du Haut-

Pavillon de l'Afrique, entrée principale

Sénégal et Niger; enfin, on crée le territoire de la Mauritanie qui s'étend de larve droite du Sénégal aux confins du Sahara algérien.

L'organisme administratif de nos possessions de l'Afrique Occidentale paraît donc maintenant définitivement fixé après dix années de transformations successives : il semble ainsi mieux préparé à aborder la période délicate et laborieuse pendant laquelle va se poursuivre l'exécution du vaste programme de travaux magistralement tracé par M. le Gouverneur général Roume.

On sait qu'il comprend l'achèvement du port de Dakar, l'assainissement des trois principales villes du Sénégal : Dakar, Saint-Louis, Rufisque; la construction de la deuxième section du chemin de fer de la Guinée, la construction du chemin de fer de la Côte d'Ivoire, l'installation du port d'Abidjean et le creusement du canal de Port-Bouet, qui permettra aux vapeurs d'y aboutir. A ce plan de travail déjà si considérable viendront s'ajouter, dans un avenir très prochain, les travaux destinés à assurer la navigabilité du Niger et, un peu plus tard peut-être, la construction qui s'imposera certainement un jour d'un chemin de fer permettant des communications rapides entre le Sénégal et le Soudan.

Cette ligne, dont l'étude est déjà complètement faite, relierait Kayes au port de Dakar en venant emprunter à Thiès le chemin de fer de Dakar à Saint-Louis.

Pavillon de l'Afrique, vue intérieure

La réalisation de ce programme séduisant entraînera nécessairement des charges considérables pour la colonie : on est en droit d'espérer qu'elle pourra en supporter le fardeau, si rien n'entrave le développement qui s'est manifesté dans son mouvement commercial pendant le cours de ces dernières années.

Le commerce général des pays formant le gouvernement de l'Afrique Occidentale s'était élevé en 1900 à la somme de 129.864.000 fr. En 1903, son chiffre a atteint 161.822.000 fr. Encore est-il juste de remarquer que cette dernière année a été mauvaise pour certaines colonies, le Dahomey, par exemple, qui eut à souffrir gravement d'une sécheresse anormale.

Il serait cependant imprudent de s'abandonner à trop d'optimisme : il ne faut point oublier que les richesses naturelles du pays actuellement exploitées sont relativement en très petit nombre : l'arachide, le caoutchouc, la gomme et l'huile de palme.

Si des circonstances climatériques défavorables viennent à compromettre sérieusement la récolte de l'un de ces produits, il en résultera une brusque diminution du chiffre des exportations qui entraînera par voie de conséquences naturelles un abaissement correspondant des importations et des recettes de douane. Du même coup, l'indigène, atteint par une mauvaise récolte, aura peine à faire face au paiement de l'impôt de capitation, qui ne rentrera peut-être que partiellement. Ces deux sources principales de recettes du budget peuvent ainsi présenter à l'improviste des moins-values très appréciables.

Il est donc indispensable, pour assurer en toute sécurité l'exécution régulière des grands travaux projetés, de créer dans le pays des ressources nouvelles et de développer celles qui existent déjà. Cette préoccupation justifiée a été celle du Gouvernement général qui a fait poursuivre, dès l'année dernière. des expériences étendues sur l'acclimatation et la culture du cotonnier dans toutes les régions qui paraissaient convenir à cette plante textile. Ces études ont donné des résultats satisfaisants, et il est urgent désormais de passer le plus rapidement possible de la période des essais à celle de leur application. Il y va de l'intérêt immédiat à la fois de nos colonies et de notre industrie nationale.

Les fluctuations désordonnées qui se manifestent depuis quelques années sur les cours du coton américain indiquent le sérieux danger qui menace notre industrie cotonnière nationale. Sur une production mondiale d'environ 16.000.000 de balles de coton, l'Amérique en produit à elle seule près de 11.000.000, soit les 2/3. Elle reste ainsi maîtresse absolue du marché. Cet état de choses déjà inquiétant en lui-même est rendu plus menaçant encore par suite des tendances commerciales habituelles de la grande République de l'Ouest, où la monopolisation sous toutes ses formes est tenue en si haute faveur. En outre, il est incontestable que l'Amérique cherche à restreindre de plus en plus l'exportation de ses produits à l'état brut, pour développer celle des marchandises manufacturées et offrir ainsi des débouchés toujours plus vastes à son industrie, qui dispose d'un formidable outillage.

L'industrie cotonnière européenne peut d'un instant à l'autre manquer de matières premières : un déficit, même peu important, affectant une récolte de coton des Etats-Unis suffit à créer cette éventualité désastreuse, car la production du coton dans le monde n'est guère supérieure, à l'heure actuelle, aux besoins sans cesse grandissants de ce textile.

Comment donc éviter ce danger peut-être si imminent? Tel est le problème qui s'est posé brutalement et c'est pour en découvrir la solution, en ce qui concerne la France, que s'est fondée, il y a quelques années, l'Association Coloniale Cotonnière. La mission qu'elle s'est donnée consiste à étudier d'abord, puis à s'efforcer de faire pratiquer la culture du coton dans toutes celles de nos colonies que l'expérience aura démontré susceptibles de pouvoir s'y livrer avec avantage.

Le but final à atteindre est de procurer à notre industrie la possibilité de s'assurer, en dehors de l'Amérique, d'une part aussi large que possible de ses approvisionnements nécessaires. Sans perdre de temps, l'Association Coloniale Cotonnière s'est mise à l'œuvre : des essais techniques très étendus ont été poursuivis par ses soins dans la plupart de nos possessions d'outre-mer. Il en est résulté cette indication très nette que la plupart de nos colonies de l'Ouest Africain peuvent produire du coton dans d'excellentes conditions. Au Soudan, dans les vallées du Niger et du Sénégal, en Guinée, les bonnes variétés américaines soit du type Upland, soit du type Louisiania, ont donné des fibres de parfaite qualité et qui répondent complètement aux besoins de l'Industrie Française. On peut donc considérer d'ores et déjà l'Afrique Occidentale comme un pays de production cotonnière susceptible d'un très grand avenir. Mais il reste maintenant à organiser le plus promptement possible le mouvement commercial de ce produit, qui déterminera l'indigène plus efficacement que tout autre moyen, à se livrer à sa culture ; dès qu'il aura reconnu que la vente lui en est toujours facile et assurée, il aura vite fait de s'y intéresser.

Pour l'accomplissement de cette partie importante de sa tâche, l'Association Cotonnière Coloniale aura évidemment besoin du concours le plus actif des maisons établies dans nos colonies de l'Afrique Occidentale : elle peut être assurée qu'il ne lui fera pas défaut.

D'un autre côté, il importe d'améliorer la production du caoutchouc et de la développer aussi rapidement que possible. C'est dans ce but qu'un arrêté tout récent du Gouverneur général de la Côte Occidentale d'Afrique vient d'être publié. Il interdit certaines pratiques fâcheuses de récolte, entraînant sans profit la destruction hâtive des lianes et prescrit une série de mesures qui favoriseront la constitution de peuplements nouveaux.

Enfin, le moyen le plus certain de provoquer l'extension des cultures et de l'exploitation des ressources naturelles de la colonie consiste à créer de nouvelles voies de communication : aussi bien les travaux de construction de chemins de fer sont-ils poussés partout avec une remarquable activité : la ligne de Kayes au Niger, longue de 555 kilomètres, est déjà ouverte à l'exploitation sur tout son parcours, c'est-à-dire jusqu'à Koulikoro, tête du grand bief navigable du Niger (1) ; dans la Guinée, la ligne de Konakry à

---

(1) Depuis le mois de juillet dernier, un service régulier de bateaux à vapeur fonctionne entre Koulikoro et Tombouctou. Tous les quinze jours, de chacun de ces points qui sont distants de 980 kilomètres, partent deux petits bateaux, le *René-Caillé* et le *Davout*. Ils assurent le transport des sacs de la poste et peuvent prendre quelques passagers. En 1906, de plus grands bateaux, qui sont sur le point d'être livrés par leurs constructeurs, flotteront sur le Niger et permettront le transport des marchandises et des voyageurs en quatre jours de Koulikoro à Tombouctou.

L'organisation de ce service de navigation est dû au lieutenant de vaisseau Le Blévec qui a été chargé par le Gouverneur général de l'Afrique Occidentale de mener à bien cette œuvre, sous la direction de M. Ponty, gouverneur du Haut-Sénégal et Niger.

Kindia, longue de 154 kilomètres, est déjà en exploitation depuis 1904, et la deuxième section, qui comptera 170 kilomètres, est en voie de construction.

Au Dahomey, 218 kilomètres sont déjà terminés et 102 sont ouverts à l'exploitation. A la Côte d'Ivoire, les travaux du chemin de fer ont été commencés dans les premiers mois de 1904. A la fin de cette même année, 34 kilomètres de plate-forme étaient construits ; les rails atteignaient le vingt-cinquième kilomètre.

Au total, près de mille kilomètres de voie ferrée ont été ouverts en moins de sept ans.

Tel se présente, très sommairement esquissé, l'état politique et économique de notre grande possession de l'Afrique Occidentale, à la fin de l'année 1904.

## SÉNÉGAL

Le mouvement général du commerce de la colonie du Sénégal, doyenne de nos possessions de l'Afrique Occidentale, s'est considérablement accru depuis une vingtaine d'années : il a atteint en 1903 le chiffre de 92.000.000 de francs.

Pavillon de l'Afrique, vue intérieure

Par deux fois cependant, au cours de la dernière décade, des circonstances accidentelles ont déterminé un recul important des affaires. En 1900, une épidémie de fièvre jaune, qui fut de courte durée, mais dont l'invasion fut aussi violente que soudaine, jeta un trouble profond dans les achats d'arachides, qu'elle vint interrompre au moment même de leur plus grande activité.

Vue de la rade de Dakar

L'année suivante, le commerce escomptant une vive reprise des affaires et une récolte normale, fit des approvisionnements considérables de marchandises. Ses prévisions ne se réalisèrent point ; la récolte de 1901-1902 fut courte et les stocks accumulés de marchandises dépassèrent les besoins des affaires. La période des transactions, la traite, comme on la désigne dans le pays, se passa sans qu'il fût nécessaire de renouveler les approvisionnements en cours de campagne : de là, un fléchissement très sensible dans le chiffre des importations.

Enfin, il est à craindre que la campagne 1904-1905, qui vient de finir, ne compte parmi les plus mauvaises que le Sénégal ait traversées depuis longtemps. Des pluies intempestives qui survinrent au début du mois de novembre 1904 compromirent à tel point la qualité de la récolte d'arachides qu'une quantité considérable de graines envahies par la pourriture durent être abandonnées sur les champs. Ce déchet considérable réduisit encore une récolte déjà courte et, d'autre part, les arachides portées sur les marchés, dont la qualité laissait déjà beaucoup à désirer, se détériorèrent de plus en plus sous l'influence de la fermentation provoquée par l'excès d'humidité dont elles étaient imprégnées.

On était fondé à attendre les pires conséquences d'un pareil état de choses, car le cours d'une marchandise si profondément altérée menaçait de s'abaisser à une limite telle que l'indigène se fût trouvé fatalement exposé à un dénuement presque absolu. La rareté des oléagineux sur le marché européen, provoquée surtout par le déficit considérable des récoltes de sésames dans l'Inde, est venue atténuer ce péril dans une certaine mesure. Les prix d'achat se sont brusquement élevés, dépassant même les cours normaux ; cette hausse inattendue et certainement excessive a eu pour résultat de pousser l'indigène à réaliser tout ce qui lui restait de graines, oubliant, avec son imprévoyance coutumière, de réserver les approvisionnements nécessaires aux semences prochaines. Aussi est-il maintenant fort à redouter qu'elles aient fait défaut un peu partout, malgré les mesures prises par l'Administration pour en faciliter l'achat aux cultivateurs, et que les surfaces ensemencées en 1905 soient infiniment plus réduites qu'elles ne devraient l'être normalement. Il est aujourd'hui permis d'espérer qu'une telle éventualité sera épargnée au Sénégal. Deux mauvaises récoltes successives le conduiraient certainement à une crise extrêmement grave.

L'arachide, en effet, forme la base de la culture et du commerce de la colonie. Le tableau suivant permettra de voir la place occupée par ce produit dans les exportations générales :

| ANNÉES | (En valeur) EXPORTATIONS GÉNÉRALES | EXPORTATIONS D'ARACHIDES |
|---|---|---|
| 1894 | 18.166.000 | 11.357.000 |
| 1895 | 12.435.000 | 7.675.000 |
| 1896 | 17.890.000 | 9.146.000 |
| 1897 | 18.830.000 | 8.336.000 |
| 1898 | 25.177.000 | 13.615.000 |
| 1899 | 19.973.000 | 12.119.000 |
| 1900 | 29.964.000 | 24.240.000 |
| 1901 | 26.335.000 | 21.117.000 |
| 1902 | 25.562.000 | 20.524.000 |
| 1903 | 40.630.000 | 34.574.000 |

Un mot sur les origines de la culture de l'*arachide* au Sénégal en fera mieux saisir encore l'extraordinaire développement. En 1840, l'exportation de cette graine n'avait pas dépassé une quantité de 1.200 kilos, représentant alors une valeur de 1.500 francs. Dix ans plus tard, arrivait à Bordeaux le premier chargement d'arachides. C'était en 1850. L'exportation fut, cette année-là, de 2.600 tonnes, représentant une valeur de 268.000 francs. A partir de ce moment, le commerce des arachides, stimulé par les emplois industriels de plus en plus étendus que trouvait cette graine oléagineuse, s'est constamment développé jusqu'en 1882, où il atteignit 83.000.000 de kilos, représentant une valeur de 26.500.000 francs. Mais ici se place une période où l'on voit les exportations fléchir, sous l'influence d'une série de mauvaises récoltes, et le prix du produit diminuer de plus en plus par suite de la concurrence des arachides décortiquées de l'Inde. Il faut attendre l'année 1887 pour assister à une reprise sérieuse qui va se poursuivre sans discontinuité jusqu'en 1893. Les exportations atteignent alors le chiffre de 95.000.000 de kilos.

Il n'est pas inutile de faire remarquer que cette nouvelle période de développement a précisément coïncidé avec l'ouverture de la voie ferrée de Dakar à Saint-Louis. Cette ligne a été le principal, sinon l'unique facteur de la rapide extension des cultures d'arachides. On ne peut en effet découvrir sa cause dans une hausse de prix en Europe, puisqu'au contraire, c'est exactement au même moment que les cours ont commencé à décroître progressivement! On constate une baisse qui n'a pas été inférieure à 30 0/0 entre 1887 et 1899.

Aussitôt que le transport à bon marché des graines s'est trouvé assuré, la culture qui ne pouvait pratiquement se faire auparavant que dans une zone relativement peu éloignée des ports d'embarquement, s'est étendue parallèlement à la voie ferrée, dans toutes les régions qu'elle traversait. Une autre conséquence a été que le prix d'achat payé au cultivateur a pu n'être abaissé que lentement et progressivement ; on lui a ainsi épargné le découragement et il n'a pas été détourné de la culture.

Dans l'avenir, la production de l'arachide est encore susceptible de très grands développements : ce qui vient d'être dit de l'influence exercée sur cette culture par la création du chemin de fer de Dakar à à Saint-Louis, permet d'envisager l'extension que ne manquerait pas de lui assurer la construction du chemin de fer de Thiès à Kayes : le tracé projeté de cette ligne traverserait en effet dans toute sa largeur le Baol qui est la région la plus productive et la plus renommée de la zone de culture de l'arachide.

Actuellement, c'est la France qui reçoit la plus grande partie des graines d'arachides du Sénégal qui sont triturées dans les usines de Marseille, Bordeaux, Dunkerque, le Havre et Fécamp.

La Hollande en importe de 18/20.000 tonnes, l'Allemagne, de 8/10.000, la Belgique et le Danemark, de 4/6.000 respectivement.

La *gomme* est, après l'arachide, le principal article d'exportation du Sénégal. Mais le marché de ce produit n'a malheureusement pas suivi la même progression. La concurrence sur le marché européen des gommes d'Egypte a déterminé depuis 6 ou 7 ans une baisse progressive sur celles du Sénégal, dont les importations diminuent de plus en plus.

Le *caoutchouc* exporté par le Sénégal ne fait qu'y transiter en provenance du Soudan où sa production, mieux surveillée et favorisée par la hausse générale de cette gomme, qui trouve aujourd'hui dans l'industrie un débouché presque illimité, suit une très sensible progression. Les exportations sont dirigées pour la plus grande partie sur Bordeaux, où s'est créé, en 1899, un marché de tous les caoutchoucs africains. Il s'est développé rapidement, grâce aux efforts combinés des importateurs et des courtiers qui en ont été les promoteurs. C'est ainsi qu'en 1904, les transactions des caoutchoucs à Bordeaux ont porté sur un chiffre de 1.182.703 kilos contre 139.532 kilos seulement en 1900. Le premier semestre de 1905 accuse un nouveau progrès avec 734.600 kilos contre 595.235 pour la période correspondante de 1904.

Mais tandis qu'on se préoccupait d'attirer de plus en plus vers ce marché les diverses sortes de nos colonies d'Afrique, on s'inquiétait vivement à Bordeaux de leur qualité trop souvent défectueuse, et on étudiait les moyens de parvenir à l'améliorer. Aussi prit-on l'initiative d'une pétition, dont la transmission au Gouvernement général fut confiée aux bons soins de l'Union Coloniale Française et dans laquelle on signalait le danger que présentaient, pour l'avenir du marché des caoutchoucs africains, les altérations et les falsifications auxquelles s'adonnaient trop souvent les producteurs indigènes.

L'importance capitale de cette question, qui intéresse au même titre notre commerce colonial et notre industrie française, la recommandait à la haute sollicitude de M. le Gouverneur général Roume : aussi, dès le mois de janvier 1905 intervenait l'arrêté auquel il a été fait allusion plus haut, qui institue une législation caoutchoutière, applicable à tous les territoires du Gouvernement de la Côte Occidentale d'Afrique, et dont on est fondé à attendre les plus heureux résultats.

Les tableaux qui vont suivre résument par leurs chiffres les considérations qui viennent d'être sommairement développées sur le commerce du Sénégal. Le premier indique le mouvement général du commerce à trois époques différentes de la dernière décade ; le second montre l'importance comparée des exportations de chacun des produits dont il vient d'être parlé : arachide, gomme, caoutchouc, au cours des années 1901, 1902 et 1903.

COMMERCE GÉNÉRAL

| ANNÉES | IMPORTATIONS | EXPORTATIONS | TOTAUX |
|---|---|---|---|
| 1895 | 28.268.000 | 12.435.000 | 40.703 000 |
| 1899 | 39.558.000 | 19.973.000 | 59.532.000 |
| 1903 | 51.662.000 | 40.630.000 | 92.293.000 |

## Exportations comparées des arachides, des caoutchoucs et des gommes.

| ANNÉES | ARACHIDES | | CAOUTCHOUCS | | GOMMES | |
|---|---|---|---|---|---|---|
| | POIDS | VALEUR | POIDS | VALEUR | POIDS | VALEUR |
| 1901... | 123.482.632 | 21.117.219 | 361.428 | 1.107.881 | 3.196.908 | 2.910.948 |
| 1902... | 110.224.735 | 20.524.756 | 549.873 | 2.195.000 | 3.083.371 | 1.047.018 |
| 1903... | 148.842.536 | 34.574.782 | 817.354 | 3.268.132 | 2.197.785 | 996.863 |

## GUINÉE FRANÇAISE

Le commerce général de la Guinée a plus que triplé au cours des 10 dernières années. L'importation porte généralement sur les mêmes articles qu'au Sénégal. Ils proviennent en grande partie de l'étranger et pour 1/3 seulement de la métropole. Cette particularité est due surtout à ce fait que ce sont les tissus de coton anglais qui occupent la plus large place parmi les marchandises importées.

Pavillon de l'Afrique, vue intérieure

L'exportation porte principalement sur le caoutchouc ; en seconde ligne, sur les palmistes, enfin, sur les arachides. Il est intéressant d'indiquer la progression suivie des exportations de caoutchoucs de cette colonie depuis 10 ans :

| | | | | |
|---|---|---|---|---|
| En 1894, | la valeur de ses | exportations | s'élevait à : | 3.486.000 |
| — 1899 | — | — | — | 6.993.000 |
| — 1901 | — | — | — | 5.193.000 |
| — 1902 | — | — | — | 8.661.000 |
| — 1903 | — | — | — | 11.388.000 |

Les chiffres qui précèdent marquent un recul très sensible en 1901 : il ne peut être attribué qu'à la baisse considérable de prix qui affecta à cette époque les provenances de la Guinée, par suite de l'impureté du produit. Dès ce moment, l'Administration de cette colonie a édicté des mesures très sévères pour couper court aux manipulations frauduleuses dont la récolte du latex était l'objet. Les résultats ne se sont point fait attendre et, dès l'année 1902, une reprise sensible se manifeste. Mais on ne doit pas négliger un seul instant de veiller à la stricte application des règlements, car l'indigène manifeste une déplorable tendance à retomber dans les errements du passé.

En dehors du caoutchouc, la noix de palme paraît être pour le moment le produit susceptible de procurer le plus de profit à la Guinée. D'ailleurs, la mise en culture de cette colonie exigera du temps et des efforts coûteux; la population y est assez rare et par conséquent, la main-d'œuvre ne peut s'obtenir qu'à prix élevé. Et puis le sol est très ingrat en beaucoup d'endroits.

Les arachides ne prospèrent que difficilement dans cette terre trop dure, sous un climat trop humide ; le sésame, dont on avait essayé la culture, a été abandonné par l'indigène, qui a préféré, avec juste raison, d'ailleurs, se livrer à l'exploitation du caoutchouc. Depuis quelques années, on a tenté non sans succès la culture de la banane, qui semble pouvoir donner d'assez bons résultats partout où l'eau douce se trouvant à proximité permet des irrigations faciles. Enfin, la noix de Kola pourrait devenir un produit intéressant pour cette colonie.

Les chiffres qui suivent résument la progression du mouvement commercial de la Guinée depuis dix ans :

| ANNÉES | IMPORTATIONS | EXPORTATIONS | TOTAUX |
|---|---|---|---|
| 1894 | 4.893.000 | 5.222.000 | 10.115.000 |
| 1899 | 13.599.000 | 9.105.000 | 22.704.000 |
| 1903 | 11.942.000 | 14.090.000 | 32.033.000 |

Enfin, voici quel a été pendant les deux dernières années l'importance comparative de l'exportation des principaux produits :

| ANNÉES | CAOUTCHOUCS | PALMISTES | ARACHIDES |
|---|---|---|---|
| 1902 | 8.661.000 | 578.776 | 184.567 |
| 1903 | 11.388.000 | 563.902 | 264.601 |
| (EN VALEUR) | | | |

## DAHOMEY

Privé jusqu'ici de moyens de communication, le Dahomey n'a pu tirer parti de son sol que dans une zone très limitée. L'amande et l'huile de palme sont des produits pauvres qui ne peuvent supporter les frais onéreux de lointains transports. L'ouverture du chemin de fer aura pour résultat immédiat d'étendre le rayon de l'exploitation du palmier. On pourra aussi exporter le coton qui croît naturellement dans la région du Haut et du Moyen-Dahomey, et dont la qualité est suffisamment bonne pour trouver un emploi courant en Europe. Les frais de transport qui grèvent si lourdement le caoutchouc pour l'amener du Haut-Dahomey, où on le trouve, jusqu'à son point d'embarquement, ont été jusqu'à présent un obstacle très sérieux au développement de son commerce.

Ce qui précède explique que le mouvement commercial du Dahomey soit demeuré absolument stationnaire depuis dix ans, ainsi que le démontre le tableau suivant :

| ANNÉES | IMPORTATIONS | EXPORTATIONS | TOTAUX |
|---|---|---|---|
| 1894................ | 10.771.000 | 9.973.000 | 20.745.000 |
| 1899................ | 10.647.000 | 12.698.000 | 23.346.000 |
| 1903................ | 11.264.000 | 9.540.000 | 20.804.000 |

## COTE D'IVOIRE

Le commerce de cette colonie s'était considérablement développé entre 1894 et 1900 ; depuis cette époque, il est demeuré à peu près stationnaire. C'est en grande partie aux fréquentes apparitions de la fièvre jaune à Grand-Bassam et aux longues périodes de quarantaine qui en ont été la conséquence, qu'il faut attribuer cet arrêt de la progression des affaires.

D'énergiques mesures paraissent avoir réussi à améliorer très sensiblement la situation sanitaire de ce port. Mais, on est au moment d'assister à un déplacement du mouvement commercial. Les travaux de Port-Bouét sont conduits avec la plus grande activité et vont bientôt permettre aux navires d'accoster directement au port d'Abidjean. C'est dans cette ville que vont évidemment se concentrer les affaires.

C'est en effet la tête de ligne du chemin de fer qui devra aboutir plus tard à Kong. Actuellement, la voie est construite sur une longueur de 79 kilomètres jusqu'à Ery-Makonlie; elle est ouverte à l'exploitation jusqu'à Aniama, distant de 25 kilomètres d'Abidjean.

Ce chemin de fer traversera une région très fertile, très riche en bois d'acajou, en caoutchouc et en gomme copal. Lorsque la facilité des transports sera assurée, elle fournira aussi de très importantes quantités d'huile de palme. Les chiffres qui suivent indiquent le mouvement du commerce général de la Côte d'Ivoire au cours de la dernière période de dix ans :

| COMMERCE GÉNÉRAL | | | |
|---|---|---|---|
| ANNÉES | IMPORTATIONS | EXPORTATIONS | TOTAUX |
| 1894................ | 3.124.000 | 4.069.000 | 7.193.000 |
| 1899................ | 5.447.000 | 5.816.000 | 11.623.000 |
| 1900................ | 7.618.000 | 8.052 000 | 15.671.000 |
| 1903................ | 9.078.000 | 7.613.000 | 16.691.000 |

Une rue à Grand-Bassam

Sur le chiffre des exportations de l'année 1903, le caoutchouc figure pour une valeur de 4.667.000 francs, l'huile de palme pour 2.136.000 francs et l'acajou pour 676.700 seulement, ce qui est dû surtout à la baisse considérable qui se manifeste sur ce produit depuis cinq ou six ans.

## HAUT-SÉNÉGAL ET NIGER

C'est encore la difficulté des communications qui a le plus retardé la mise en valeur de ces vastes territoires qui furent autrefois le Soudan Français, et qui sont devenus aujourd'hui la colonie du Haut-Sénégal et Niger. La création de la voie ferrée de Kayes au Niger a déjà considérablement amélioré la situation : mais le but poursuivi ne sera complètement atteint que le jour où sera réalisée la construction projetée de la ligne de Kayes à Thiès, qui reliera directement à la mer la partie du cours du Niger qui est navigable en toute saison.

Déjà, néanmoins, la ligne de Kayes au Niger va aider puissamment à la rapide mise en valeur du Soudan. Le caoutchouc qui s'y trouve en abondance, la gutta-percha, l'ivoire, les plumes de parure et bientôt sans doute le coton pourront désormais descendre assez rapidement jusqu'au Sénégal. Le bétail constituera aussi un élément sérieux de trafic pour cette ligne, dans un avenir rapproché, concurremment avec le riz, cultivé dans la vallée moyenne du Niger, et qui trouvera un débouché facile dans toutes les régions de l'Afrique Occidentale où cette céréale forme, après le mil, la base de l'alimentation des indigènes.

## MAURITANIE

Nous ne citerons que pour mémoire le territoire de Mauritanie, dont la situation est encore troublée, et qui jusqu'à ce que sa mise en valeur soit réalisable, nous rendra du moins le service de faciliter notre pénétration progressive dans les régions qui s'étendent au Nord du Sénégal et du Niger.

* * *

Le rapide examen qui vient d'être fait des différentes colonies qui constituent le Gouvernement Général de l'Afrique Occidentale peut être utilement complété par quelques chiffres résumant le commerce général d'ensemble de cette colonie et relevés à trois époques différentes : 1894, 1900 et 1903.

Leur comparaison établit, mieux que tout commentaire, la progression suivie depuis dix ans dans l'utilisation des ressources que nous offre l'Afrique Occidentale : elle nous permet aussi de prévoir le nouvel essor qu'elles sont à la veille de prendre sous la bienfaisante influence d'une administration à la fois éclairée et prudente, et de la mise en œuvre prochaine d'un puissant outillage économique.

| COMMERCE GÉNÉRAL | 1894 | 1900 | 1903 |
|---|---|---|---|
| IMPORTATIONS : | | | |
| Marchandises françaises................. | 19.989.000 | 25.072.000 | 35.377.000 |
| — des Colonies françaises...... | 2.266.000 | 2.942.000 | 2.904 000 |
| — — étrangères..... | 25.319.000 | 41.046.000 | 51.166.000 |
| | 47.574.000 | 69.060.000 | 89.447.000 |
| EXPORTATIONS : | 37.432.000 | 60.802.000 | 71.874.000 |
| TOTAUX GÉNÉRAUX.... | 85.006.000 | 129.862.000 | 161.321.000 |

## Principales importations.

| Années | TABACS | SUCRES | TRAV. MÉTAUX | SEL | RIZ | COTONNADES |
|---|---|---|---|---|---|---|
| 1895 | 2.779.000 | 968.557 | 1.239.000 | 621.631 | 1.637.000 | 14.000.000 |
| 1899 | | 1.360.300 | 5.367.000 | 1.010.092 | | 22.043.000 |
| 1901 | 3.700.000 | 2.151.800 | | | 7.140.000 | |
| 1903 | 4.412.000 | 2.186.000 | 8.714.000 | 853.540 | 4.387.000 | 26.000.000 |

## Principales exportations.

| ANNÉES | CAOUTCHOUCS | GRAINES OLÉAGINEUSES | HUILES |
|---|---|---|---|
| 1894................ | 23.635.000 | 17.871.000 | 5.759.000 |
| 1900................ | 38.973.000 | 32.121.000 | 6.818.000 |
| 1903................ | 46.232.000 | 41.615.000 | 4.617.000 |

Flottille sur le Niger

# CONGO

Notre prise de possession du Congo remonte à l'année 1897, mais notre autorité n'a été définitivement assise dans ce pays qu'en 1900, après la défaite et la mort de Rabah. C'est donc une colonie très jeune, à peine formée encore. Sa mise en valeur exigera d'ailleurs beaucoup de temps, car sa population est encore des plus primitives et incapable de nous prêter, dès à présent, un concours bien sérieux.

Pavillon de l'Afrique, vue intérieure
Indigènes de la C. F. H. C. travaillant l'ivoire

L'indigène ayant très peu de besoins est donc un médiocre consommateur. Aussi, les importations resteront vraisemblablement inférieures aux exportations pendant une assez longue période encore. Mais il ne faut point désespérer de tirer un jour de ce pays un avantageux parti. Il faut savoir attendre patiemment ce moment en préparant peu à peu sa mise en valeur, aux moindres frais possible : il vaut mieux réserver nos plus grands efforts immédiats pour celles de nos colonies qui sont susceptibles de procurer des résultats plus prochains.

Cela ne veut point dire que nous devions négliger d'étudier d'ores et déjà les moyens qui faciliteront plus tard l'exploitation des richesses du Congo, notamment les voies de communication indispensables. Aussi bien procède-t-on en ce moment à l'étude d'un chemin de fer

Chutes du Congo en aval de Brazzaville

qui relierait Libreville au Congo, mettant ainsi en communication directe le cours moyen de ce grand fleuve avec l'Océan. Une mission étudie un tracé qui, passant par Ndjolé, suivrait la vallée de l'Ogoué pour

Une forêt du Congo

atteindre la zone comprise entre l'Irendo et le cours de la Lipkouala.

En somme, c'est seulement une œuvre préparatoire que nous avons pour le moment à accomplir au Congo.

Le commerce général de cette possession a présenté les chiffres suivants de 1900 à 1903 :

| ANNÉES | IMPORTATIONS | EXPORTATIONS |
|---|---|---|
| — | — | — |
| 1900.............. | 7.359.000 | 10.544.000 |
| 1903.............. | 6.978.000 | 9.938.000 |

Les principales importations consistent en tissus, alcools, poudre, fusils, riz et tabacs ; les exportations portent sur les bois, l'ivoire, le caoutchouc, l'huile de palme, les noix de kola et les peaux.

## MADAGASCAR

La grande île de l'Océan Indien appartient à la France depuis moins de dix ans : encore ce n'est-il qu'après la répression de l'insurrection de 1896 qu'il a été possible d'entreprendre l'organisation politique et économique du pays. Les résultats déjà acquis à l'heure actuelle, en dépit de multiples obstacles, et malgré des difficultés de toutes sortes, attestent l'œuvre considérable accomplie et la haute valeur de l'homme éminent à qui revient l'honneur de l'avoir dirigée.

Dépourvue de toutes voies de communication avant sa conquête, l'île de Madagascar n'offrait, en 1896, qu'une seule route reliant Majunga à Andula, près de Tananarive : elle avait été construite par le corps expéditionnaire de 1895, mais privée de tout entretien pendant la période troublée qui suivit, on a dû la refaire sur presque tout son parcours.

Une autre route mettant en communication Tananarive avec la Côte Est, à Andevorante, a été construite et plusieurs voies ont été ouvertes dans la région du plateau central pour faciliter les relations entre l'Imerina et le Betsiléo.

Mais ces routes parurent insuffisantes. La construction d'une voie ferrée entre Tananarive et la mer fut jugée indispensable et urgente. Un tracé qui, de Brickaville, rejoignait presque directement Tananarive, fut adopté. Cette ligne, d'un développement total de 275 kilomètres, est aujourd'hui ouverte à l'exploitation jusqu'à Tamovane, au 102e kilomètre de son parcours. La partie la plus difficile et la plus coûteuse de l'entreprise se trouve ainsi terminée.

La seconde section, en effet, traverse une région plus élevée, par conséquent plus salubre, où les pluies sont plus rares et la main-d'œuvre plus facile à recruter. La construction en atteint déjà le 20e kilomètre, point où la plaine du Mangoro va offrir un développement en palier de près de 64 kilomètres de longueur. Il ne restera plus ensuite pour arriver jusqu'à Tananarive qu'une dernière section de 90 kilomètres, très accidentée, et sur laquelle 800 mètres d'altitude sont à gravir. Cette difficile entreprise n'a pas manqué de soulever d'assez vives critiques dès le début : elles se sont naturellement renouvelées lorsqu'on a appris que les obstacles rencontrés

Automobile sur la route de Mahatsara à Tananarive

avaient entraîné une sensible augmentation des dépenses primitivement prévues.

Mais le jour, maintenant assez prochain, où la ligne sera complè-

Le tunnel Gallieni ou de Vonga-Vonga

tement ouverte à l'exploitation, tout le monde s'accordera sans doute à reconnaître que sa construction était indispensable pour déterminer une prompte utilisation des grandes ressources que présente la région du plateau central, en leur ouvrant un débouché vers la côte. Le riz et le bétail seront des éléments immédiats et importants de trafic ainsi que les bois que fourniront les riches et vastes forêts de Lanzavo et des Betsimisaraca : elles sont traversées par le chemin de fer qui seul peut en permettre l'exploitation.

Les aménagements du port de Diégo-Suarez, devenu un utile point d'appui pour nos flottes, sur la côte nord de Madagascar, complètent cet inventaire des grands travaux publics exécutés depuis huit ans.

Au point de vue politique, M. le général Gallieni s'est constamment efforcé de créer un système d'administration s'adaptant aux nécessités locales. Le problème était délicat à résoudre, en raison de la diversité des peuplements qui se rencontrent dans l'île. L'accession de l'élément indigène aux rôles subalternes de l'Administration a été une innovation des plus heureuses, et qui traduit une tendance qu'il faut louer sans réserve, de suivre à Madagascar une politique de protectorat en quelque sorte. C'est la plus efficace pour inculquer à l'indigène cette conviction indispensable que sa prospérité est intimement liée à la nôtre et que ce que nous faisons pour nous, nous le faisons pour lui.

Le service de l'enseignement présente déjà une organisation très avancée, qui ne comprend pas moins de 600 écoles, dont beaucoup sont dirigées par des instituteurs malgaches. Des écoles pratiques administratives et commerciales permettent à l'Administration le recrutement facile d'agents convenablement préparés à la mission qu'ils auront à remplir, et aux colons de trouver des auxiliaires capables de leur rendre immédiatement des services.

L'Ecole professionnelle de Tananarive est parmi beaucoup d'autres institutions utiles celle qui a certainement rendu le plus de services à Madagascar. A la suite de la période troublée qui précéda notre conquête, la petite industrie malgache avait presque disparu : on trouvait bien des manœuvres mais point d'ouvriers. Il fallait donc en faire venir d'Europe à grands frais. Pour remédier aussi promptement que possible aux inconvénients graves qui résultaient de cette situation, l'Ecole professionnelle de Tananarive fut créée dès l'année 1896, avant même que la pacification de l'île ne fût complète. Elle s'est constamment développée depuis et récemment, son transfert à Andonarano a été décidé pour permettre l'adjonction d'une exploitation agricole à l'enseignement théorique.

Les œuvres d'assistance et d'hygiène ont été répandues par tout le pays. On ne compte pas moins de 29 hôpitaux, 10 postes médicaux et dispensaires, 17 maternités et 6 léproseries. Le budget annuel consacre 1.200.000 francs au Service de l'assistance médicale indigène.

Au point de vue financier, enfin, la situation de la colonie n'apparaît pas moins satisfaisante. Les excédents régulièrement présentés par les budgets depuis 1896 forment par leur accumulation un fonds de réserve qui atteint déjà 7.000.000 de francs. Le budget de 1904 se réglera encore par un excédent important.

La situation commerciale de Madagascar a fait l'objet depuis quelque temps d'appréciations plutôt pessimistes. L'abaissement

Les quais du Commerce à Diégo-Suarez

incontestable du chiffre des importations venait d'ailleurs corroborer ces opinions découragées.

Il est heureusement avéré aujourd'hui que le malaise dont souffre le commerce de l'île sera bientôt dissipé, car il n'est imputable qu'à des causes accidentelles et passagères. La légèreté avec laquelle se sont créées depuis cinq ou six ans d'innombrables entreprises commerciales ne pouvait avoir d'autres résultats que de déterminer d'abord un excès de concurrence, puis une disproportion fatale entre les importations et les facultés de consommation du pays. Les tableaux qui suivent montreront le mouvement du commerce extérieur de Madagascar en 1896, puis à partir de 1900. C'est en 1901 que se manifeste le plus clairement la prospérité factice créée par l'engouement irraisonné auquel il vient d'être fait allusion.

| ANNÉES | IMPORTATIONS | EXPORTATIONS | TOTAUX |
|---|---|---|---|
| — | — | — | — |
| 1896.......... | 13.500.000 | 3.800.000 | 17.300.000 |
| 1900.......... | 40.000.000 | 11.000.000 | 51.000.000 |
| 1901.......... | 46.000.000 | 8.900.000 | 54.000.000 |
| 1902.......... | 42.000.000 | 13.000.000 | 55.000.000 |
| 1903. ......... | 33.000.000 | 16.000.000 | 49.000.000 |
| 1904.......... | 26.419.000 | 18.886.000 | 45.305.000 |

Les chiffres de 1903 et de 1904 restent donc encore peu satisfaisants, par comparaison de ceux de 1902 ; mais il est intéressant de remarquer que les diminutions portent exclusivement sur les importations. Les exportations accusent au contraire une très notable augmentation sur les années précédentes. C'est là un indice certain de progrès réalisés dans l'exploitation des produits et la mise en valeur du sol. A cet égard, il n'est pas inutile d'examiner sur quelles marchandises portent principalement les diminutions constatées sur les importations et sur quelles autres marchandises s'est au contraire manifesté le progrès des exportations. C'est ce que vont indiquer les tableaux suivants :

## Principaux articles d'importation.

| | 1896 | 1900 | 1903 |
|---|---|---|---|
| | — | — | — |
| BOIS............. | 125.000 | 800.000 | 200.000 |
| HOUILLE........ | | 1.500.000 | 625.000 |
| RIZ.............. | 450.000 | 5.600.000 | 800.000 |
| FARINE.......... | 250.000 | 1.000.000 | 900.000 |
| EAU-DE-VIE...... | 500.000 | 2.250.000 | 1.300.000 |
| VIN.............. | 450.000 | 2.300.000 | 2.800.000 |
| MÉTALLURGIE... | 1.250.000 | 3.000.000 | 3.600.000 |

## Principaux articles d'exportation.

| | 1896 | 1900 | 1903 | 1904 |
|---|---|---|---|---|
| | — | — | — | — |
| VANILLES........ | 80.000 | 200.000 | 200.000 | » |
| LÉGUMES SECS.. | | 250.000 | 300.000 | » |
| CIRE............. | 300.000 | 500.000 | 600.000 | » |
| BOIS............. | 80.000 | 80.000 | 900.000 | » |
| PEAUX........... | 90.000 | 500.000 | 1.200.000 | 2.220.000 |
| RAPHIA......... | 700.000 | 2.000.000 | 1.800.000 | 2.077.000 |
| BÉTAIL.......... | 300.000 | 1.800.000 | 2.600.000 | » |
| CAOUTCHOUC.... | 1.300.000 | 1.150.000 | 2.000.000 | 3.760.000 |
| OR.............. | 150.000 | 3.600.000 | 5.800.000 | 7.692.000 |

Il résulte de ces divers chiffres que c'est l'importation du riz et des bois qui a le plus sensiblement baissé. On est donc autorisé à en conclure que la culture du riz se développe à Madagascar et qu'il n'est pas invraisemblable de considérer comme assez prochaine une période de production assez abondante pour suffire à la consommation indigène.

Il en sera de même pour les bois dont l'exploitation régulière commence à procurer des ressources importantes. Elles s'accroîtront de plus en plus, car sur la vaste étendue de forêts que l'on rencontre à Madagascar, étendue qui n'est pas inférieure à 12.000.000 d'hectares, on n'a pu encore exploiter que des parcelles très réduites, faute de moyens de transport suffisants.

A l'exportation on remarque une progression constante sur presque tous les produits. Seuls, les bovidés, la cire, les farineux alimentaires et la vanille ne concourent pas à cette augmentation.

Après avoir atteint en 1902 la valeur considérable de 4.400.000 francs, l'exportation des bovidés recule de près de 2.000.000 en 1903. Ce fléchissement considérable doit être attribué au ralentissement des transactions avec la Côte Orientale d'Afrique, qui a été provoqué par la qualité défectueuse de la plus grande partie du bétail exporté, et aussi par l'insuffisance actuelle des moyens de communication entre Madagascar et la Côte Africaine.

Le Gouvernement général se préoccupe d'améliorer cette situation et il est à souhaiter qu'un service régulier de navigation soit prochainement créé.

Parmi les produits dont l'exportation s'est particulièrement développée, l'or mérite une mention spéciale. Longtemps, les espoirs que l'on avait fondés sur l'avenir de l'industrie aurifère à Madagascar ont été déçus. Mais en 1899, puis 1900, des résultats plus encourageants vinrent récompenser les efforts des prospecteurs. Ces premiers succès ont d'ailleurs été largement dépassés en 1903 et 1904. Si l'on en croit de toutes récentes nouvelles, on serait d'ailleurs sur le point d'assister à la réalisation complète des séduisantes promesses du début.

La reprise importante de l'exportation du caoutchouc indique que les richesses de la colonie en cette liane, un instant compromises par une exploitation abusive, sont en bonne voie de reconstitution.

Le raphia donne lieu déjà à un mouvement d'affaires très important, mais susceptible encore d'augmentations considérables. Enfin, le coton semble appelé à figurer en bonne place dans la liste des produits que Madagascar peut tirer de son sol.

Les expériences qui ont été poursuivies indiquent que c'est vers les régions du Nord, du Nord-Ouest et du Sud que les efforts pour la culture de ce textile devront surtout être dirigés. La plaine de Maro-

Le Raphia, palmier textile de Madagascar

voay, qui n'a pas une étendue inférieure à 20.000 hectares, paraît lui offrir un terrain particulièrement propice. Soumise aux inondations périodiques de la Betsibocka, qui y dépose tous les ans d'abondantes alluvions, elle présente toutes les conditions nécessaires d'humidité et de fertilité.

Aussi, le Gouvernement général a-t-il décidé la création d'une station agricole à Marovoay, qui aura pour principale mission de procéder à des expériences étendues de culture dans le but de faciliter et de hâter la production du coton dans cette région.

Les faits et les chiffres qui viennent d'être cités portent en eux-mêmes la réfutation éclatante des prévisions alarmistes auxquelles il a été fait allusion au début de cette note sur l'avenir de Madagascar. Ils autorisent à l'envisager avec la plus entière confiance.

## LA RÉUNION

Les conditions économiques et sociales de notre vieille colonie insulaire du canal de Mozambique la rapprochent beaucoup plus des Antilles que de nos possessions africaines.

Saint-Denis. — Cap Saint-Bernard

Après avoir tiré de magnifiques profits des cultures de café et d'épices, la Réunion leur a substitué celle de la canne à sucre. Sa prospérité n'a pas résisté plus longtemps que la richesse de nos colonies des Antilles à l'invincible concurrence de la betterave.

L'agriculture de l'île, autrefois si développée, décline de plus en plus; le sol s'appauvrit et s'épuise et les bras manquent pour le cultiver. Par voie de conséquence, la main-d'œuvre atteint un prix que la culture n'est plus en état de supporter.

Alors que dans la période de 1883 à 1885 ces frais représentaient une dépense de 317 francs pour un hectare de cannes coupées, ils se sont progressivement élevés depuis jusqu'à 493 francs, ce qui représente une augmentation de 56 0/0 environ, tandis que le sucre s'est vendu pendant cette dernière période 20 0/0 moins cher que dans la précédente.

La reprise de l'immigration indoue apparaît comme le seul remède possible à une situation aussi critique.

Le commerce général de la Réunion ne manifeste aucune augmentation notable depuis une dizaine d'années; son mouvement qui était en 1894 de 39 millions, dont 15 millions 1/2 à l'exportation, se retrouve en 1903 à 40 millions 1/2, dont 19 millions seulement à l'exportation.

La balance du commerce reste constamment en faveur de l'importation.

## CÔTE FRANÇAISE DES SOMALIS

Cette petite colonie ne présente d'intérêt réel que par sa situation géographique ; elle constitue en effet, grâce à son chemin de fer, le débouché du Harrar et même de l'empire de Ménélick sur la mer. De plus, elle nous offre avec le bon port de Djibouti la possibilité de créer sur la route de nos lignes de navigation vers l'Extrême-Orient un grand entrepôt commercial en même temps qu'un utile point d'appui pour nos flottes.

L'ivoire, le café, les peaux et l'or d'Abyssinie sont les principaux roduits d'exportation de la Côte Française des Somalis. A l'importation, nous voyons figurer surtout les articles classiques de ces pays : produits alimentaires, tissus, armes et munitions.

En 1903, le commerce général s'est chiffré par : 17.980.000 francs, répartis comme suit : importations . 7.530.000; exportations : 10.450.000.

# ASIE

# ASIE

## INDO-CHINE

L'impression qui se dégage d'un rapide examen de l'ensemble de notre grande possession de l'Extrême-Orient est que les cinq pays qui la composent se rapprochent de plus en plus les uns des autres

Pavillon de l'Asie, vue d'ensemble

par une évidente communauté d'intérêts. Le Tonkin, la Cochinchine, l'Annam, le Cambodge, le Laos apparaissent comme autant de membres d'un organisme unique auquel chacun apporte l'appoint de ses facultés particulières de production.

Au point de vue financier, la situation de l'Indo-Chine reste bonne: son budget général s'est constamment réglé jusqu'à présent par des excédents. C'est la meilleure justification qui pouvait être faite de la valeur des institutions financières dont M. Doumer a doté notre colonie en 1897 et 1898.

Le programme de grands travaux publics qui fut élaboré à la même époque s'exécute régulièrement. On sait que la construction d'un réseau important de voies ferrées, d'une longueur totale de plus de 1.600 kilomètres, en constituait la partie de beaucoup la plus

Pavillon de l'Asie, vue intérieure

importante. La loi du 25 décembre 1898 prévoyait, en effet, cinq grandes lignes :

La ligne de Haïphong à Hanoï et Lao-Kay,
La ligne de Hanoï à Nam-Dink et à Vinh,
La ligne de Saïgon à Kan-Hoa et au Lang-Bian,
La ligne de Tourane à Hué et à Quang-Tri,
La ligne de Mytho à Kan-Tho.

A la fin de l'année 1904, on trouve la ligne de Haïphong à Hanoï déjà ouverte à l'exploitation jusqu'à Yen-Bay, sur un parcours de 258 kilomètres ;

La ligne de Hanoï à Vinh, dont les 172 premiers kilomètres étaient déjà en exploitation depuis la fin de l'année 1903, est achevée ;

Pont de Lang-Son

Les travaux de la ligne de Tourane à Hué et de la section de Saïgon à Tan-Linh sont poussés avec la plus grande activité : on prévoit qu'ils seront terminés dans les premiers mois de 1906. Sur cette dernière ligne, 71 kilomètres sont déjà en exploitation.

La construction de la seconde partie du réseau avait été jusqu'ici ajournée. Un décret en date du 27 janvier 1905 a autorisé l'ouverture de ces travaux.

Dans un discours qu'il prononça l'an dernier au Conseil Supérieur de l'Indo-Chine, M. le Gouverneur général Beau évaluait à trois ou quatre années le délai nécessaire à l'achèvement de toutes les lignes, prévues par la loi de 1898. Il serait donc permis d'espérer l'ouverture de leur exploitation pour le courant de l'année 1909. A ce moment-là, l'Indo-Chine disposera déjà d'un élément considérable de développement. Mais il faut envisager qu'il sera nécessaire de l'étendre encore au fur et à mesure que les ressources du pays le permettront, en assurant la jonction des différents tronçons de la ligne du littoral pour relier ainsi directement Hanoï et Saïgon.

En dehors de la construction des voies ferrées, d'autres grands travaux sont en cours d'exécution ou sur le point d'être entrepris en Indo-Chine. Sans parler de ceux qui présentent un intérêt plutôt local, comme par exemple, les travaux d'assainissement des villes, il convient de signaler la construction des quais et du port d'Haïphong, l'aménagement de celui de Tourane, l'établissement des quais de Saïgon. Enfin, le Gouvernement général procède à l'étude d'un système complet d'irrigation dont tireraient grand profit l'Annam et la région moyenne du Tonkin. En attendant que la réalisation de ces grands travaux d'hydraulique agricole soit possible, il a été procédé sur beaucoup de points à des aménagements partiels, qui ont déjà procuré plusieurs milliers d'hectares à la culture.

On voit le travail considérable qui a été accompli en moins de sept ans pour le développement matériel de l'Indo-Chine. Mais pendant cette même période, l'œuvre de son développement social ne s'est pas poursuivie avec moins d'activité.

La question de l'enseignement se présente particulièrement complexe et délicate en Indo-Chine, où il doit nécessairement s'adapter à une population dont les tendances d'esprit, les mœurs et la civilisation diffèrent si profondément des nôtres. De récents arrêtés, qui concernent, il est vrai, plus particulièrement le Tonkin, dénotent cependant, par l'esprit dans lequel ils ont été conçus, que l'organisation de l'instruction s'inspire avant tout des nécessités pratiques.

Préparer des colons et des auxiliaires pour les entreprises agricoles ou commerciales est bien en effet le but vers lequel doit tendre l'instruction publique en Indo-Chine. Enfin, pour assurer le recrutement du personnel administratif, des écoles ont été fondées, où une solide culture indigène est complétée par l'étude de la langue française. Dans la tâche si vaste, qu'il nous appartient de poursuivre, de l'instruction de nos protégés indo-chinois, l'histoire de leur pays et de leur civilisation sera notre meilleur guide. Leur connaissance approfondie nous permettra de mieux démêler les moyens les plus sûrs d'étendre progressivement notre influence sur la population

Vue de Tourane (Annam)

indigène, en évitant de heurter de front les habitudes et les tendances séculaires de sa race.

A cet égard, nous tirerons certainement les plus grands avantages des études et des travaux que poursuit « l'Ecole française d'Extrême-Orient ».

Le service d'hygiène et d'assistance médicale indigène s'organise

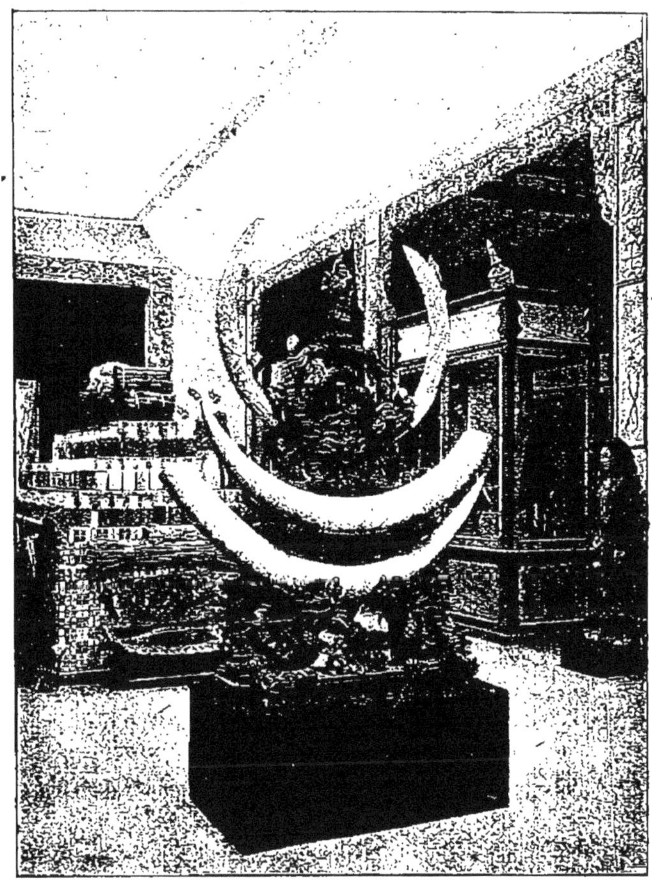

Pavillon de l'Asie, vue intérieure

en Indo-Chine, mais il paraît encore peu en rapport avec les besoins d'une population de près de 20.000.000 d'habitants. On s'occupe activement de le développer. Cette œuvre, en effet, s'impose à notre vigilance non seulement comme une stricte obligation morale qui nous incombe à l'égard de l'indigène, mais aussi comme un des moyens les plus efficaces de gagner sa confiance, et par conséquent

Gare de Than-Moi

de nous assurer sa fidélité. C'est là une nécessité primordiale en Indo-Chine, car si la tension des rapports entre l'Européen et les indigènes n'est malheureusement pas un fait absolument particulier à nos possessions d'Extrême-Orient, on est cependant obligé de reconnaître qu'elle s'y manifeste avec plus d'acuité peut-être que partout ailleurs. Il importe de réagir très énergiquement contre cette fâcheuse tendance : il y va de l'avenir même de l'œuvre que nous avons entreprise en Indo-Chine.

La création des Ecoles de médecine indigènes d'Hanoï et de Saïgon, l'établissement de sanatoria, dont on se préoccupe d'étendre le nombre, forment les bases actuelles du service médical de l'Indo-Chine. Il sera très sensiblement amélioré par la création, probablement prochaine, de médecins provinciaux de colonisation.

Mais déjà l'initiative privée apporte un concours précieux à l'Administration, et parmi les œuvres que lui doit notre colonie, la Maternité de Cholon mérite tout spécialement d'être signalée.

Etablie dans ce faubourg populeux de Saïgon, il y a six ans à peine, les effets bienfaisants de son action se sont bien vite manifestés. Au moment de sa création, en 1899, une mortalité qui n'était pas inférieure à 75 0/0 atteignait la population infantile de Cholon. En 1904, cette désastreuse proportion était déjà descendue de 35,31 0/0. Une école destinée à former des sages-femmes, qui se répandront ensuite dans le pays, est annexée à la Maternité. Le développement de cette œuvre constitue une indication intéressante, en apportant la démonstration que l'Annamite sait reconnaître et mettre à profit nos bienfaits, lorsqu'on sait choisir les méthodes qui conviennent pour gagner sa confiance.

**Agriculture.** — Les différentes régions de notre domaine indochinois offrent une diversité de climats qui permet la culture d'une très grande variété de produits. Aussi, la Direction générale de l'agriculture, du commerce et de l'industrie, s'est-elle depuis longtemps préoccupée de rechercher les meilleurs moyens de développer les productions agricoles du pays, en créant des centres d'expériences et en organisant un service de renseignements.

Sans parler du riz, qui constitue la base même de la culture de la Cochinchine, et dont il sera parlé un peu plus loin, l'Indo-Chine peut avantageusement cultiver le poivre et le café. Les mûriers du Tonkin et de l'Annam offrent à la séricículture un vaste champ d'exploitation : le Cambodge et le sud de l'Annam peuvent beaucoup étendre leur production actuelle de tabac, de jute, de coprah et de coton. En 1904, la baisse du prix du poivre a déterminé les cultivateurs à en abandonner les plantations de moyenne importance. Par contre, la culture du coton tend à se propager et des essais en grand s'effectuent en ce moment dans la région avoisinant la ligne nouvelle de Saïgon à Bien-Hoa.

Mais il ne suffit pas de déterminer dans un pays des productions nouvelles, il importe aussi au premier chef de se préoccuper de bonne heure de les bien faire connaître sur les marchés de consommation. C'est là un point essentiel que nous négligeons trop souvent en

Pont de Dap-Cau

France. On sait combien il est difficile de faire accepter sur nos marchés, même à prix très inférieur à la valeur réelle de la marchandise, un produit déterminé, en provenance d'un pays qui l'exporte pour la première fois. On se défie de sa qualité, on la tient pour suspecte à priori et le plus souvent sans raisons justifiées.

Il semble qu'une action combinée des deux Chambres de Commerce de la colonie d'exportation et du port de destination de la marchandise parviendrait à aplanir ces regrettables difficultés.

Le sommaire aperçu qui précède sur les produits du sol de l'Indo-Chine doit être complété par quelques mots sur les richesses forestières de la colonie : l'étendue de forêts qu'on y rencontre n'est pas évaluée à moins de 50 millions d'hectares. Encore le Laos, dont certaines régions sont entièrement boisées, n'est-il pas compris dans ce chiffre.

Ce domaine forestier a fait, il y a quelques années l'objet d'une réglementation nécessaire et qui a déjà produit de bons résultats. C'est ainsi que les recettes forestières qui ne dépassaient pas 120.000 piastres en 1900 avaient déjà atteint le chiffre de 420.000 en 1902.

**Commerce.** — Le mouvement commercial de l'Indo-Chine s'est constamment développé depuis dix ans, ainsi que le démontrent les chiffres suivants relatifs au commerce général de la colonie à différentes époques de cette période.

| ANNÉES | IMPORTATIONS | EXPORTATIONS | TOTAUX |
|---|---|---|---|
| 1894 | 67.883.000 | 103.510.000 | 171.393.000 |
| 1900 | 186.044.000 | 155.600.000 | 341.644.000 |
| 1901 | 203.000.000 | 160.000.000 | 363.000.000 |
| 1902 | 215.000.000 | 185.000.000 | 400.000.000 |
| 1903 | 204.253.000 | 120.448.000 | 324.702.000 |

La très mauvaise récolte du riz en Cochinchine est la seule cause du fléchissement très sensible des exportations que l'on constate en 1903. Cette mauvaise récolte a également exercé sa répercussion sur le mouvement des importations, en venant diminuer le pouvoir d'achat des indigènes. Enfin, la hausse du cours de toutes les marchandises, provoquée par la baisse du cours de la piastre en 1903, en a ralenti la consommation. Cette hausse a été de 10/15 0/0 en moyenne.

Le riz occupe la première place dans les exportations de l'Indo-

Chine. L'exportation de cette denrée a atteint les chiffres suivants, les quatre dernières années : (*en quantité et valeur.*)

| | TONNES | FRANCS |
|---|---|---|
| | — | — |
| 1901........ | 913.000 | 108.000.000 |
| 1902......... | 1.115.000 | 134.000.000 |
| 1903......... | 675.000 | 75.000.000 |
| 1904......... | 875.000 | .......... (1) |

Une amélioration de la qualité des riz de Cochinchine aiderait beaucoup à un nouveau développement de leur exportation. Cette

Le repiquage du riz

question a fait l'objet des légitimes préoccupations de la Chambre de Commerce de Saïgon, qui a institué des concours régionaux agricoles et créé des prix qui sont distribués chaque année aux producteurs du riz de meilleure qualité.

Pour assurer l'efficacité pratique de ces encouragements, le règlement adopté exige que l'exposant justifie de la disponibilité

(1) Le chiffre exact de la valeur des exportations de 1904 n'a pas encore été définitivement indiqué, mais en raison des cours élevés de ce produit on estime qu'il se rapprochera sensiblement de celui qui a été atteint en 1902.

d'une quantité déterminée de riz équivalant à la qualité de l'échantillon exposé. Cette mesure a pour but de permettre la propagation de bonnes semences.

En dehors du riz, les principaux produits exportés de Cochinchine sont : le coton, le poivre, la cannelle, les amandes et cardamones, le sel marin, le sucre, le thé et le caoutchouc.

En 1903, les exportations du coton en laine se sont élevées à 2.278 tonnes, celles du coton non égrené à 2.072 tonnes.

En 1904, les exportations de ces deux sortes de cotons se sont respectivement élevées à 1.887 tonnes et 4.256 tonnes, d'où une sensible augmentation.

Ce coton est surtout produit par le Cambodge. L'Annam en a fourni une certaine quantité. La Chine et le Japon en sont les principaux acheteurs.

Le Cambodge est la région qui produit la quantité la plus importante de poivre qui s'exporte par Saïgon. Sur une exportation de 3.414 tonnes en 1903, 2.672 ont été achetées par la France.

L'exportation de la cannelle, qui était de 271.000 kilos en 1902, a été de 315.548 en 1903. Sur ce chiffre, l'Annam a fourni 313 tonnes environ et le Tonkin, 2.000 kilos seulement.

Les amandes et les cardamones ont donné lieu à un mouvement d'exportation de 227 tonnes en 1903, provenant surtout du Cambodge et du Laos. Le Tonkin et l'Annam n'en produisent que de faibles quantités.

32.800 tonnes de sel marin provenant du sud de l'Annam ont été exportées en 1903 sur Singapour, la Chine et le Japon.

L'Annam a exporté en 1903, 9,700 tonnes de sucre, dont la majeure partie a été dirigée sur les diverses régions de l'Indo-Chine même. 2.000 tonnes ont été expédiées à Hong-Kong et 1.056 tonnes en France.

Les 162 tonnes environ de thé qui ont été exportées de l'Indo-Chine en 1903 provenaient aussi de l'Annam pour la presque totalité.

Enfin, le Tonkin et le Laos ont exporté en France 179 tonnes de caoutchouc en 1903.

Il est intéressant de rechercher l'importance du commerce direct de l'Indo-Chine avec les pays avoisinants, le Siam, la Chine, le Japon, les Indes Néerlandaises, les Indes Anglaises et les Philippines. En 1904, ce commerce s'est élevé à 67 millions de francs, dont 45 à l'exportation et 22 à l'importation. Chacun des principaux pays de l'Union Indo-Chinoise figure dans ces chiffres pour une proportion que le tableau suivant indiquera :

| | IMPORTATIONS | EXPORTATIONS |
|---|---|---|
| COCHINCHINE | 13.000.000 | 42.000.000 |
| CAMBODGE | 5.250.000 | 1.100.000 |
| TONKIN | 2.000.000 | 2.000.000 |
| ANNAM | 1.200.000 | 355.000 |

Enfin, s'il l'on examine le mouvement économique de l'Indo-Chine, au point de vue de sa répartition entre les différents pays qui y

(Mines d'étain de Tinh-Tuc, Tonkin). — Déblaiement des terres stériles

concourent, on trouve qu'un peu moins de la moitié du chiffre total des affaires se traite avec la France ou ses colonies ; l'autre partie représente le commerce de l'Indo-Chine avec les autres pays d'Extrême-Orient, dont Hong-Kong et Singapour constituent les grands ports de transit.

Dans les premières années qui ont suivi notre occupation de l'Indo-Chine, le commerce était le principal, sinon l'unique objectif des colons. Un peu plus tard, a commencé la période des essais de colonisation agricole. Enfin, l'heure est venue où l'on a songé à créer des industries dans notre domaine indo-chinois. Jusqu'à ces dernières années, le décorticage et le blanchiment du riz étaient la seule industrie qu'on y trouvait : encore était-elle absolument localisée à l'Indo-Chine où d'ailleurs elle demeurait stationnaire. Aujourd'hui, elle s'étend au Tonkin qui a pris la tête du mouvement industriel. On y trouve des ateliers de construction, des filatures de coton qui comptent déjà près de 100.000 broches, des filatures et un tissage de soie, des fabriques de tissu de jute, une verrerie, une fabrique d'allumettes, etc.

L'emploi des procédés mécaniques pour la transformation des produits indigènes tend aussi à se généraliser. La préparation du tabac et du thé, la fabrication et la raffinerie du sucre, la distillation d'alcool de riz, se pratiquent depuis quelques années dans des usines pourvues de l'outillage le plus moderne.

L'exploitation des mines prend également de l'extension dans l'Annam et le Tonkin, qui produisent déjà d'importantes quantités de houille. Quelques gisements d'étain et d'argent promettent aussi de satisfaisants résultats pour l'avenir.

## INDE FRANÇAISE

Les chiffres du commerce général de nos établissements de l'Inde indiquent une inquiétante diminution du mouvement de leurs affaires. De 32.840.000 francs en 1889, on tombe à 14.760.000 francs en 1902. Une reprise sensible s'est manifestée en 1903, et le chiffre de 32 millions a été reconquis. Mais c'est Pondichéry surtout qui paraît avoir souffert d'un regrettable amoindrissement commercial. Le port anglais tout voisin de Gondelour, qui a été récemment relié au réseau du chemin de fer du sud de l'Inde a détourné à son profit la plus grande partie du trafic des arachides dont bénéficiait autrefois le chef-lieu de nos établissements.

On espère que la construction projetée d'une voie ferrée, mettant Pondichéry en communication avec la ligne qui s'arrête maintenant à Tiroupapulgour, remédiera à cette fâcheuse situation.

Mais l'exécution prochaine de quelques autres travaux encore paraît indispensable au relèvement économique du petit groupe de nos possessions de l'Inde.

Les épidémies qui se déclarent si fréquemment à Pondichéry et à Chandernagor sont attribuées à la mauvaise qualité des eaux qui alimentent ces deux villes. L'adduction d'eau potable présente pour elles une urgente utilité. Le port de Karikal réclame aussi quelques travaux d'aménagement indispensables, sous peine d'être de plus en plus abandonné par la navigation.

Le vote par le Parlement, en 1901, d'une subvention annuelle de 250.000 francs pendant une période de vingt-cinq ans, au profit de nos établissements de l'Inde, aurait déjà permis à cette colonie l'exécution tout au moins partielle des plus urgents de ces divers travaux. L'amélioration de sa situation économique actuelle dépend de leur prompt achèvement.

# AMÉRIQUE & OCÉANIE

## GUYANE FRANÇAISE

Il est regrettable de constater que faute de main-d'œuvre, les ressources de cette colonie restent encore presque complètement inexploitées. Sa situation économique demeure stationnaire, alors que les pays qui l'avoisinent immédiatement, les Guyane anglaise et hollandaise, sont en pleine prospérité. Les richesses naturelles de la Guyane sont cependant abondantes et variées.

D'immenses forêts peuplées de bois de gaïac, d'ébène, de bois de fer et d'acajou présentent encore une variété infinie d'essences pré-

Pavillon de la Guyane

cieuses, parmi lesquelles abondent les plantes caoutchoutifères et la gutta-percha. En outre, de vastes étendues sont recouvertes de bambous, de cocotiers et de bananiers, qui pourraient être l'objet d'une avantageuse exploitation — sans parler de la vanille et des épices.

Une foule de textiles, les fibres d'agave, de mauve, d'ananas, du mabro forestier n'ont trouvé jusqu'ici qu'une utilisation restreinte dans la petite industrie locale.

En définitive, la Guyane n'exporte guère que de l'or, qui est sa principale et presque unique production à l'heure actuelle. En 1900, le nombre de concessions de mines en activité était de 133. Il s'élevait à 423 en 1902 et portait sur une étendue de 186.578 hectares contre 108.534 en 1900. La main-d'œuvre employée sur les chantiers était évaluée à 5.200 ouvriers, dont 200 Européens.

Les produits de l'exploitation sont indiqués par le tableau suivant :

| ANNÉES | MINERAI EXTRAIT | MINERAI EXPORTÉ | VALEUR EN FRANCS |
|---|---|---|---|
| 1900 .................. | 2.378 kil. | 2.202 kil. | 6.400.350 |
| 1901 .................. | 4.021 — | 2.928 — | 9.766.163 |
| 1902 .................. | 4.645 — | 4.245 — | 11.517.797 |

Le commerce général de la Guyane s'est élevé en 1903 à 22.798.000 francs, dont 10.468.000 à l'importation et 12.330.000 à l'exportation. Ce dernier chiffre porte sur l'or presque exclusivement.

## MARTINIQUE

Les catastrophes récentes encore dont la Martinique a si gravement souffert sont venues, au cours de ces dernières années, accroître les difficultés de sa situation économique.

Mais, grâce à sa vitalité naturelle et aux merveilleuses ressources qu'elle peut retirer de son sol, cette île a pu retrouver une période d'amélioration. La hausse qui s'est manifestée sur le marché des sucres pendant les derniers mois de l'année 1904 et les six premiers de 1905 est venue apporter quelque atténuation aux désastres causés par l'éruption de la montagne Pelée et le cyclone de 1903.

Si des cours normaux et suffisamment rémunérateurs, tant pour les sucres que pour les rhums, se maintenaient durant quelques années, il n'est pas douteux que la Martinique parviendrait à bref délai à rétablir l'équilibre de sa situation économique et financière et à retrouver ainsi sa splendeur d'autrefois.

D'ailleurs, les soins intelligents donnés à la culture et les efforts incessants faits par les producteurs de sucres pour perfectionner de plus en plus leurs appareils de fabrication aideront puissamment à

La Médaille

la reprise des affaires en permettant à la colonie de livrer à la consommation des sucres aussi beaux que ceux de la Métropole.

Le commerce général de la Martinique s'est élevé en 1904 à 35.882.000 francs, dont 20.389.f68 à l'importation et 15.104.073 à l'exportation. Ce dernier chiffre porte presque exclusivement sur les sucres, les mélasses et le tafia.

## NOUVELLE-CALÉDONIE

Si l'étendue restreinte de cette île ne lui assigne qu'un rang secondaire dans la liste énumérative de nos colonies, la Nouvelle-Calédonie emprunte cependant une importance réelle à sa situation géographique. Toute voisine de l'Australie, elle est notre poste le plus avancé dans l'Océan Pacifique. Elle mérite aussi de retenir l'attention par une autre particularité : la salubrité de son climat, relativement tempéré, y rend l'émigration possible et permet de la classer parmi nos rares colonies de peuplement.

Après cinquante années de possession, l'avenir économique de la Nouvelle-Calédonie ne se dessine pas encore de façon bien certaine. Il ne se précisera que le jour où l'on aura définitivement tranché ces questions délicates qui se posent depuis longtemps : à quel moyen de colonisation est-il préférable de recourir, de la colonisation pénale ou de la colonisation libre; est-ce de l'agriculture ou, au contraire, de l'exploitation de plus en plus étendue des richesses du sous-sol qu'on doit espérer les plus fructueux résultats ?

Il semble établi par les expériences qui ont été poursuivies jusqu'ici que l'agriculture ne peut être, en Nouvelle-Calédonie, qu'une source de production très accessoire. Les cultures du blé, du riz et de la vigne n'ont pas donné de bien meilleurs résultats que celles

Case canaque

des produits riches tels que la vanille, le caoutchouc, le thé, le tabac. Seul le café paraît avoir réussi, mais les conditions économiques de sa production permettent de douter qu'elle puisse être rémunératrice. Si ces premières constatations se confirmaient, il faudrait en conclure que l'agriculture ne présente pas de chances bien sérieuses de développement en Nouvelle-Calédonie, que c'est donc vers une exploitation de plus en plus large de ses richesses minières qu'il faut diriger l'activité des colons.

Mais une prompte détermination s'impose désormais pour mettre un terme au malaise économique dont souffre cette colonie, encore aggravé par la crise financière qu'elle traverse.

Une politique de stricte économie l'aidera certainement à triompher bientôt de ces difficultés.

Le nickel, le chrome et le cobalt constituent les principales richesses minérales de la Nouvelle-Calédonie. Leur exploitation s'étend actuellement sur environ 27.000 hectares de concessions en activité, ainsi réparties :

| | | |
|---|---|---|
| Nickel............... | 10.683 | hectares. |
| Chrome.............. | 1.560 | — |
| Cobalt............... | 14.626 | — |

Leurs exportations des cinq dernières années ont été les suivantes :

**Nickel :**

| | | |
|---|---|---|
| 1899............. | 101.909 | tonnes |
| 1900............. | 100.319 | — |
| 1901............. | 132.814 | — |
| 1902............. | 129.653 | — |
| 1903............. | 77.360 | — |

**Chrome :**

| | | |
|---|---|---|
| 1899............. | 12.635 | tonnes |
| 1900............. | 10.474 | — |
| 1901............. | 17.451 | — |
| 1902............. | 10.281 | — |
| 1903............. | 21.437 | — |

**Cobalt :**

| | | |
|---|---|---|
| 1899............. | 3.287 | tonnes |
| 1900............. | 2.438 | — |
| 1901............. | 3.122 | — |
| 1902............. | 7.512 | — |
| 1903............. | 8,292 | — |

Le commerce général de l'île demeure presque stationnaire ainsi que le montre le tableau suivant :

| ANNÉES | IMPORTATIONS | EXPORTATIONS | TOTAUX |
|---|---|---|---|
| — | — | — | — |
| 1898......... | 9.572.000 | 6.736.000 | 16.489.000 |
| 1899......... | 10.958.000 | 8.913.000 | 19.871.000 |
| 1900......... | 12.162.000 | 8.869.000 | 21.031.000 |
| 1901......... | 13.681.000 | 11.055.000 | 24.737.000 |
| 1902......... | 13.446.000 | 12.283.000 | 25.729.000 |
| 1903......... | 13.671.000 | 8.968.000 | 22.635.000 |
| 1904......... | 12.478.000 | 11.041.000 | 23.519.000 |

Sur 11.041.000 francs d'exportation en 1904, les minerais entrent pour 7.329.000 francs. L'exportation des autres produits tels que coprah, caoutchouc, café, nacre n'atteint donc pas 4.000.000 de francs.

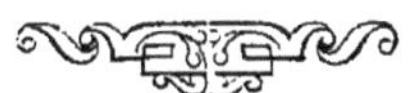

MINISTÈRE DES AFFAIRES ÉTRANGÈRES

○ ○ ○ ○

# TUNISIE

## (PROTECTORAT)

M. ROUVIER

*Président du Conseil*
*Ministre des Affaires Étrangères*

EXPOSITION DE LIÈGE 1905

PAVILLON DE LA TUNISIE

# TUNISIE

Le Pavillon de la Tunisie, de dimensions plus restreintes que ceux de l'Afrique et de l'Asie, n'est pourtant ni le moins complet, ni le moins élégant. La disposition des produits et des documents contre les murailles ou sur les gradins est d'un ordonnancement remarquable. Auprès de chaque série d'échantillons, une petite carte, sur laquelle est teintée en rouge leur zone de production, renseigne immédiatement le visiteur.

Cette très intéressante exposition, dont l'organisation est l'œuvre de M. Hugon, directeur du Commerce et de l'Agriculture de la Régence, montre admirablement quel a été le rapide développement de la colonisation dans notre protectorat de l'Afrique du Nord; et si la démonstration des heureux résultats qu'est susceptible de procurer ce mode de gouvernement était encore à faire, aucun exemple ne saurait être plus utilement cité que celui de la Tunisie.

(Phot. Deconcloit, Tunis)

M. HUGON

*Directeur de l'Agriculture et du Commerce*

Les nombreux documents exposés par les Directions des Travaux publics, des Monopoles, de l'Agriculture et du Commerce, des Postes et Télégraphes, des Forêts, du Gouvernement de la Régence établissent une progression extraordinaire de tous ces grands services publics et attestent la vitalité croissante du pays. L'examen détaillé de l'organisation si avancée et déjà si complète que présente la Tunisie au point de vue politique, social et économique nécessiterait une étude pour laquelle le temps et les moyens nous font défaut. Nous nous bornerons donc à rappeler seulement les plus récents parmi un si grand nombre de remarquables travaux et d'institutions intéressantes.

Les dernières innovations introduites dans le service de l'assistance médicale indigène méritent de retenir l'attention. La fréquence des épidémies de variole dans l'intérieur de la Tunisie rendait nécessaire l'adoption de mesures susceptibles de vulgariser la pratique de la vaccine chez les indigènes. D'une manière plus générale, il était urgent de pourvoir à une organisation d'ensemble capable d'assurer aux indigènes aussi bien qu'aux colons les premiers soins immédiats

Pavillon de la Tunisie. — Le Minaret

en cas de maladie ou d'accidents. La création des auxiliaires médicaux indigènes, qui date de la fin de l'année 1903, répond à ces fins et complète très heureusement les services d'assistance qui fonctionnaient déjà depuis longtemps sous le contrôle de l'Administration et la Direction des médecins de colonisation. Les auxiliaires médicaux indigènes ont pour mission de seconder les médecins européens ou de les suppléer le cas échéant, mais dans une mesure très prudemment déterminée, ainsi qu'il convenait dans une matière aussi délicate.

Le Gouvernement d'un pays agricole au premier chef, comme la Tunisie, devait aussi se préoccuper de bonne heure d'éviter aux colons d'inutiles et onéreux tâtonnements en mettant à leur disposition des moyens pratiques de se renseigner sur les meilleures

Pavillon de la Tunisie. — Vue intérieure

méthodes de culture et sur le choix même de celles auxquelles il était de leur intérêt de s'arrêter.

C'est ainsi qu'une école d'agriculture, un jardin d'essais, une ferme d'expériences, une station agronomique ont été créés. Le résultat des études qui y sont poursuivies sont publiés dans une feuille mensuelle de renseignements.

**Agriculture.** — Grâce à sa situation géographique, le sol de la Tunisie offre une très grande diversité de produits.

Les montagnes de Kroumirie, des Mogods et du Massif Central sont recouvertes de forêts de chêne-liège, de chênes zéens et de pins d'alep.

La région du Nord, arrosée par de nombreuses sources, offre des terres de premier ordre pour la culture des céréales et l'élevage du bétail.

La vigne prospère dans la vallée inférieure de la Medjerda et sur les

Oasis

coteaux qui la bordent; la culture des oliviers s'étend dans toute la presqu'île du cap Bon, sur les premiers contreforts du Massif Central et au sud, dans le Sahel et toute la région de Sfax.

La zone des oasis enfin permet la culture du palmier dattier, de l'oranger, du citronnier et du bananier.

**Forêts.** — La surface forestière exploitée en Tunisie s'étend sur 500.000 hectares environ, qui ont fourni, de 1892 à 1904 155.000 quintaux de liège, 668.000 quintaux d'écorce à tan de chêne-liège et 266.000 mètres cubes grume de bois d'œuvre de chênes zéens.

Vignes. — Il n'y avait pas de vignes en Tunisie en 1886. En 1903, on évaluait la surface du vignoble qui a été créé à environ 12.580 hectares. Sa production se consomme pour la plus grande partie dans le pays même. Le tableau suivant donnera un aperçu de cette production :

| ANNÉES | PRODUCTION (en hectolitres) | EXPORTATIONS (en hectolitres) |
|---|---|---|
| — | — | — |
| 1891 | 105.000 | 50.000 |
| 1895 | 180.000 | 145.000 |
| 1900 | 230.000 | 40.000 |
| 1903 | 300.000 | 81.000 |

Céréales. — Les récoltes de blé, d'orge, de maïs ont plus que doublé en 10 ans.

La production de l'avoine a atteint 574.000 hectolitres contre 15.000 seulement il y a peu d'années encore. Aussi bien les céréales figurent-elles pour des chiffres très importants dans les exportations de la Tunisie.

Équipe de travailleurs indigènes

**Oliviers.** — Des plantations considérables d'oliviers ont été faites, mais il est assez difficile de préciser exactement leur importance.

D'après les évaluations des contrôleurs civils, il existait en Tunisie en 1895, 11.222.525 oliviers, ainsi répartis par contrôle :

| | |
|---|---|
| Bizerte | 527.224 |
| Tunis | 2.592.851 |
| Bejà | 37.357 |
| Soulk-El-Arba | 6.000 |
| Le Kef | 76.093 |
| Maktar | 44.326 |
| Grombalia | 2.055.000 |
| Sousse | 4.000.000 |
| Kairouan | 80.000 |
| Sfax | 1.000.000 |
| Gabès | 701.904 |
| Tozeur | 101.770 |
| Total | 11.222.525 |

Cette évaluation est reproduite dans l'ouvrage sur la Tunisie (Berger-Levrault, 1900) édité par les soins du Gouvernement du Protectorat. Elle devait forcément être incertaine, étant basée sur les produits de l'impôt sur les oliviers. Or, même dans les pays d'impôt Kanoun, où les taxes sont perçues par pied d'olivier, les répartiteurs réduisent dans les terrains de mauvaise qualité plusieurs arbres en un seul pour la répartition des droits.

Un décret du 22 janvier 1894 avait prescrit le recensement direct des oliviers. Ce recensement s'est terminé en 1902, et voici le tableau des résultats qui ont été publiés dans le plus récent rapport annuel sur la Tunisie (1) :

| | NOMBRE D'ARBRES | | | |
|---|---|---|---|---|
| | SAUVAGEONS | OLIVIERS GREFFÉS AGÉS DE MOINS DE 20 ANS | OLIVIERS GREFFÉS AGÉS DE PLUS DE 20 ANS | TOTAUX |
| 1° Anciens pays de Kanoun... | 476.101 | 1.529.806 | 4.551.451 | 6.556.358 |
| 2° Anciens pays de Dûne.... | 236.485 | 52.517 | 2.681.204 | 2.970.206 |
| TOTAUX....... | 711.586 | 1.582.323 | 7.252.655 | 9.526.564 |

Le total de 1902 se trouvait être ainsi inférieur à celui de 1895, ce qui accuse bien l'incertitude des évaluations faites par les contrôleurs civils à cette dernière date.

Les statistiques globales, les seules publiées à ce jour, ne permettent donc en aucune façon de se rendre compte de l'accrois-

(1) Ces renseignements sont dus à l'obligeante communication de l' « Union coloniale française ».

sement des plantations d'oliviers en Tunisie. Cet accroissement, dans le Sahel, tout au moins (région de Sfax, Sousse), a été cependant énorme.

On estime qu'en 1900, 8 ans après le décret dû à l'initiative de M. Paul Bourde, décret aux termes duquel étaient mis en vente au prix de 10 francs l'hectare, sous la condition de planter des oliviers, les terres sialines, propriété du domaine de l'Etat, le nombre des oliviers mis en terre était environ de 3 millions 1/2 et le montant des capitaux engagés de 3 millions de francs. C'est la seule indication à peu près exacte qu'il soit permis de donner en ce qui touche l'extension de la forêt d'oliviers de la Tunisie. Le tableau reproduit ci-après et qui donne la production annuelle en huile d'olive de la Tunisie de 1890 à 1903 n'accuse en aucune manière l'accroissement des plantations. Et cela ne saurait étonner si l'on réfléchit que les plantations des terres sialines n'ont commencé qu'en 1894 et qu'il faut 10 ou 12 ans au minimum pour que l'olivier entre en rapport.

## Production en huile d'olive.

| ANNÉES | HECTOLITRES | VALEUR EN DOUANE (à l'unité) |
|---|---|---|
| 1890 | 293.000 | » |
| 1891 | 383.000 | » |
| 1892 | 96.000 | » |
| 1893 | 349.000 | 1 00 |
| 1894 | 255.000 | 1 00 |
| 1895 | 192.600 | 0 70 |
| 1896 | 333.800 | 0 70 |
| 1897 | 117.100 | 0 70 |

**Élevage.** — Le Nord et le Centre de la Tunisie produisent des bœufs dont la race, progressivement améliorée, pourra donner de bons animaux de boucherie.

Le service de l'Inspection de l'Elevage s'est surtout attaché ces dernières années à modifier le troupeau ovin. Le mouton tunisien est un mouton à grosse queue dont la viande est peu appréciée sur le marché français. La transformation de ce troupeau a été obtenue par croisements de brebis à grosse queue avec des béliers algériens à queue fine. Des conférences ont été faites aux éleveurs de moutons indigènes des régions de Thala, Kef et de Béja pour leur indiquer tous les avantages qu'ils retireraient de la transformation de leurs troupeaux. Plus d'un millier de reproducteurs leur ont été livrés et l'Administration a décidé d'accorder des primes aux éleveurs qui obtiendraient les meilleurs produits. Grâce à cette propagande et à ces encouragements, les meilleurs résultats ont été obtenus. Dans le contrôle de Thala, 790 béliers ont pu être introduits à l'automne de 1902 et ont donné au bout de six mois, c'est-à-dire au printemps 1903, 2.500 produits à queue fine. La deuxième année, le chiffre de ces produits a atteint 40.000, et l'inspection de l'élevage estime que la transformation sera complète dans ce contrôle dans deux ou trois ans. D'autres essais sont faits à Souk-el-Arba, à Beja, à Kairouan, à Sidi-Bouzid et en général dans tout ce quadrilatère dont les sommets sont marqués par Ksour, Kairouan, Feriania et Sfax, et qui est la région par excellence de l'élevage du mouton en Tunisie.

Cette utile transformation n'a point fait attendre ses résultats. Alors qu'en 1902, l'Exportation des moutons de Tunisie n'avait pas dépassé le chiffre insignifiant de 2.238 têtes, elle a, par un bond colossal, atteint celui de 85.219 bêtes en 1903.

**Cultures diverses.** — D'autres ressources encore peuvent faire l'objet de précieuses exploitations en Tunisie. L'alfa est du nombre.

Cette graminée croît spontanément dans tout le pays, elle était donc naturellement exposée à une exploitation abusive ; sous aucune latitude, l'homme ne sait respecter ce qui ne lui coûte aucune peine à produire.

Un décret du mois de septembre 1904 réglemente désormais la cueillette de l'alfa, et interdit formellement l'arrachage des touffes.

Ce sont là de sages mesures qui amèneront le développement de la production de cette fibre et permettront d'accentuer encore ses exportations vers l'Angleterre, soit en nature, soit transformée en pâte pour la fabrication du papier.

La culture du mûrier réussit bien en Tunisie et son utilisation pour l'élevage des vers à soie a fait l'objet de quelques tentatives heureuses. La soie obtenue est d'excellente qualité.

**Mines.** — Notre Protectorat renferme aussi des richesses minérales assez variées, dont l'exploitation se développe régulièrement.

La première concession de mine remonte à l'année 1876. La Société de la Vieille-Montagne en est bénéficiaire.

Depuis cette époque, 33 concessions de mines ont été accordées, dont 26 pour le zinc et le plomb, 3 pour le fer.

Le tableau suivant montre la progression des exportations de ces minerais dans les dix dernières années :

| ANNÉES | NOMBRE DE MINES EXPLOITÉES | VALEUR DU MINERAI EXPORTÉ |
|---|---|---|
| 1893 | 2 | 217.500 |
| 1894 | 4 | 620.000 |
| 1895 | 4 | 563.000 |
| 1896 | 5 | 470.000 |
| 1897 | 7 | 877.600 |
| 1898 | 9 | 1.270.000 |
| 1899 | 10 | 2.141.000 |
| 1900 | 11 | 1,880.000 |
| 1901 | 13 | 2.286.000 |
| 1902 | 13 | 2.286.000 |
| 1903 | 17 | 2.905.992 |

Mais l'exploitation de riches gisements de phosphates manifeste une progression beaucoup plus rapide. Elle deviendra plus forte encore lorsque les nouveaux gisements de Kalaat-et-Senam et de Kalaa-Djerda pourront être exploités, grâce à la construction qui est activement poussée, du chemin de fer Pont-du-Fahs-Kef. De 1899

Tunis. — Avenue Jules-Ferry

à 1903, l'Exportation des phosphates de chaux de Tunisie présente les chiffres suivants en tonnage et en valeur :

| ANNEES | TONNES | VALEUR |
|---|---|---|
| 1899......... | 63.516 | 1.936.000 |
| 1900......... | 174.298 | 6.748.000 |
| 1901......... | 178.047 | 4.073.500 |
| 1902......... | 263.563 | 5.359.600 |
| 1903......... | 373.000 | 7.586.800 |
| 1904......... | 457.500 | 9 150.000 (1) |

Les salines font aussi l'objet d'une exploitation qui a pris beaucoup d'importance depuis quelques années en Tunisie.

Elles sont actuellement au nombre de 8 et leur exploitation a atteint 13.000 tonnes en 1903.

Commerce. — Le commerce extérieur de la Tunisie a passé en dix ans de 76.000.000 à 115.000.000 de francs.

(1) *Echo des Mines et de la Métallurgie* : Février 1905.

La part pour laquelle entre dans les exportations chacun des principaux produits qui viennent d'être successivement examinés a déjà été établie, sauf en ce qui concerne le blé, l'orge, l'avoine et le maïs.

L'exportation de ces grains a pris une importance considérable. On en trouvera l'indication dans les tableaux suivants, qui mentionnent seulement les chiffres afférents aux années ayant marqué les échelons les plus accentués d'une constante progression.

(En hectolitres)

| ANNÉES | ORGE | BLÉ |
|---|---|---|
| 1886......... | 300.000 | 600.000 |
| 1892......... | 850.000 | 850.000 |
| 1903......... | 1 205.115 | 972.000 |

| ANNEES | MAIS | AVOINE |
|---|---|---|
| 1898......... | 1.000 | 120.000 |
| 1901......... | 10.000 | 100.000 |
| 1903......... | 12.320 | 486.694 |

Le mouvement d'affaires que la Tunisie entretient avec la Belgique est intéressant à signaler. En 1903, il s'est chiffré par 4.145.000 francs. On doit espérer que ces relations commerciales, de peu d'importance encore, se développeront à l'avenir. La participation de la Tunisie à l'Exposition de Liége y contribuera très certainement.

*Tableau récapitulatif de l'exportation des principaux produits de la Tunisie en* 1903.

(En valeur) (1)

| | |
|---|---|
| Alfa............................ | 3.408.610 |
| Animaux vivants........................ | 7.129.842 |
| Céréales............................ | 27.503.342 (2) |
| Dattes............................ | 857.361 |
| Ecorces à tan............................ | 1.394.295 |
| Eponges............................ | 1.623.019 |
| Feuilles de lentisque.................... | 410.522 |
| Huiles d'olive............................ | 2.601.287 |
| Légumes secs............................ | 606.506 |
| Liège............................ | 654.793 |
| Minerais de Zinc............................ | 3.806.600 |
| — de plomb............................ | 1.089.624 |
| Peaux............................ | 1.669.869 |
| Phosphates............................ | 8.987.412 |
| Poissons............................ | 1.087.986 |
| Vins............................ | 1.350.078 (3) |

(1) Extrait du rapport de M. Wolfrom, consul de France, ancien chef du Service de la Colonisation à la Direction de l'Agriculture à Tunis, rapporteur de la classe 117 (2e section).

(2) La climatologie a été particulièrement favorable aux céréales en 1903.

(3) La vigne a donné en 1903 des rendements exceptionnels comme quantité et qualité.

Tunis. — Epiciers arabes

Tunis. — Grande Mosquée et vue panoramique de la ville

**Industrie.** — De nombreuses industries se créent et se développent dans notre Protectorat. Elles trouvent un aliment d'activité croissant dans les besoins variés et toujours plus nombreux d'un pays en pleine voie de développement. Certaines d'entre elles rencontrent en Tunisie des conditions particulièrement favorables de succès; celle de la pêche est du nombre.

La côte tunisienne s'étend sur une longueur de 1.400 kilomètres environ, et présente des bas-fonds où les poissons abondent. Leur pêche commence à donner lieu à une exploitation fructueuse. La rapidité des communications avec la France et la généralisation de l'emploi de la glace pour le transport des denrées permettent déjà l'exportation de notables quantités de poissons de toutes sortes, fournis par les lacs de Tunis et de Bizerte.

L'extension donnée à la culture de l'olivier a déterminé la création d'importantes huileries : leur outillage perfectionné a beaucoup contribué à améliorer la qualité des huiles de Tunisie, que les procédés rudimentaires de l'ancienne fabrication indigène laissaient très insuffisante. Les savonneries trouvent naturellement leur place à côté des huileries, dont elles emploient avec avantage les sous-produits.

De l'ensemble des chiffres qui viennent d'être notés, il ressort très clairement que la situation du Protectorat tunisien est des plus satisfaisantes. Elle apparaît même déjà voisine d'une réelle prospérité.

Mais il reste à rechercher dans quelle mesure la colonisation française a su en profiter. Cette indication est fournie par le rapport sur la Tunisie, pour l'année 1903, dressé par le ministère des Affaires étrangères. A cette époque, la population du Protectorat se répartissait de la manière suivante :

| | |
|---|---|
| Français | 28.000 |
| Protégés français | 25.000 |
| Anglo-Maltais | 12.000 |
| Italiens | 80.000 |
| Divers | 3.600 |

La colonisation française n'a donc pas le nombre pour elle, mais d'autres statistiques démontrent que la supériorité lui appartient pour les capitaux et la propriété. Sur une étendue globale de 636.878 hectares de domaines, 576.933 hectares, soit environ 60 0/0 sont entre les mains de nos compatriotes.

Une dernière remarque peut être faite sur l'œuvre de la France en Tunisie, qui a été poursuivie d'après une méthode qui est une rare exception, dans nos procédés habituels de colonisation.

On y découvre une intéressante et très heureuse expérience de décentralisation et d'autonomie administrative dont les résultats méritent d'être retenus.

En moins de vingt-cinq ans, quatre grands ports creusés ou aménagés : Tunis, Sousse, Sfax, Bizerte ; 2.550 kilomètres de routes construits; 940 kilomètres de chemins de fer ouverts à l'exploitation; d'importants travaux d'adduction d'eau entrepris dans les villes; de nombreux puits artésiens creusés dans les centres de colonisation agricole ; voilà l'outillage économique important que la Régence a pu créer avec ses seules ressources.

La France en bénéficie la première, sans qu'il lui en ait rien coûté.

# L'ENSEIGNEMENT COLONIAL

# L'ENSEIGNEMENT COLONIAL

L'Empire Colonial de la France est aujourd'hui à peu près définitivement occupé : son organisation politique et administrative est presque achevée ; l'outillage économique dont il dispose, déjà considérable, se complète chaque jour. Il s'agit donc maintenant de tirer le meilleur parti possible de ce domaine qui offre des ressources si variées et un champ si étendu à notre activité.

Depuis une vingtaine d'années, les colonies ont exercé une séduction grandissante sur l'esprit public. Mais l'enthousiasme irréfléchi de l'opinion n'a servi bien des fois qu'à susciter des entreprises qu'une trop profonde ignorance des questions coloniales vouait d'avance à d'inévitables échecs.

Aux caractères si distincts que peuvent présenter les colonies — colonies de peuplement — colonies d'exploitation — correspondent nécessairement des conditions très diverses de travail possible. Il est donc facile de juger à quelles irréparables erreurs s'exposent des colons improvisés, d'abord dans le choix de la colonie vers laquelle seule une préférence irraisonnée les attire le plus souvent, ensuite, dans la détermination de la voie qu'ils entendent assigner à leur activité et à leurs efforts.

S'agit-il d'un pays dont le climat permet à notre race de s'y fixer et d'y faire souche, de s'y livrer aux travaux agricoles, et où d'immenses terres, encore vacantes, s'offrent à la culture? C'est là une colonie de peuplement. L'agriculteur, le simple laboureur, le paysan, peuvent, avec l'aide d'un petit capital, y trouver un utile emploi de leurs bras.

S'agit-il, au contraire, d'une région dont la latitude interdit à l'Européen d'y séjourner trop longtemps, et par conséquent de s'y établir définitivement, où seule la population indigène peut impunément se livrer aux travaux du dehors ? Voilà le type de la colonie d'exploitation, où le blanc ne peut espérer concourir à la mise en valeur des ressources naturelles du pays que par ses capitaux seulement et non à l'aide de ses bras.

Il est inutile de pousser plus loin ces définitions, pour s'apercevoir qu'à la seule exception peut-être de l'Algérie, de la Tunisie et de la Nouvelle-Calédonie, toutes nos colonies sont des colonies d'exploitation.

Ce qu'il leur faut donc, ce sont des colons ou des chefs d'entreprise, parfaitement renseignés sur les besoins des pays où ils entendent apporter et faire fructifier des capitaux, bien au courant du caractère, des mœurs des indigènes appelés à devenir leurs auxiliaires indispensables, leurs collaborateurs de tous les jours.

On ne saurait trop répéter et publier qu'une entreprise quelconque ne s'improvise pas plus aux colonies que dans la métropole : sous les tropiques, pas plus qu'ailleurs, on ne peut espérer faire fortune sans suivre les méthodes qui sont ordinairement susceptibles d'y conduire.

Il importe donc, pour hâter le développement de la richesse de nos colonies, d'éviter à nos colons de demain les déceptions et les échecs qu'ont éprouvés beaucoup de leurs devanciers. Sachons leur épargner le gaspillage inutile d'une énergie qui doit être féconde : nous ne devons rien négliger pour y parvenir, en leur offrant les moyens de se préparer sérieusement par un enseignement approprié à la tâche qui les attend et les sollicite. Ce devoir a été compris en France.

Dans ceux de nos principaux centres commerciaux qui entretiennent des relations suivies avec les colonies, à Marseille, à Lyon, à Paris, Nancy, d'importantes institutions se sont fondées, sous le patronage des Chambres de Commerce et des Sociétés de géographie, qui répandent l'enseignement colonial sous ses formes les plus variées. Leurs programmes s'inspirent tous des mêmes nécessités pratiques.

De création plus récente — elle date de 1901, — l'Institut Colonial de Bordeaux a exposé à Liége une collection très complète de documents qui révèlent tous les détails de sa remarquable organisation.

Fondé par la Municipalité de Bordeaux, subventionné par le Gouvernement, le Gouvernement général de l'Indo-Chine, la Chambre de Commerce et les principales associations commerciales de la ville de Bordeaux, l'Institut Colonial contribua d'abord, par une subvention qu'il mit à la disposition de la Faculté de Médecine, à faciliter la création d'une chaire de Médecine Coloniale dans cette Faculté.

En même temps, on créait un musée et un jardin coloniaux, on organisait des cours et un diplôme d'études coloniales. Enfin, une bibliothèque et un service de renseignements furent établis.

Administré par un Conseil d'administration de 19 membres, dont les fonctions sont gratuites, l'Institut Colonial s'est donné pour mission de développer les relations de la métropole avec les colonies, soit en préparant les jeunes gens à la vie coloniale, soit en fournissant au commerce et à l'industrie tous les renseignements qui peuvent leur être utiles.

La première partie de cette tâche comprend l'hygiène et l'éducation.

Le séjour aux colonies n'est possible que si la santé n'y est pas compromise. L'étude des maladies coloniales, les recherches sur leur prophylaxie ont donc une grande importance pratique : le soin de faire des médecins aptes à ces études et à ces travaux appartient à l'Université : la Faculté de médecine de Bordeaux s'en est acquittée d'une manière parfaite.

L'enseignement comprend des cours et des travaux pratiques : il dure trois mois. Un diplôme de médecine coloniale est délivré à ceux qui subissent avec succès l'examen spécial qui a été institué. Cet enseignement de médecine coloniale a été organisé en France, pour la première fois, à Bordeaux. La faveur avec laquelle il a été accueilli démontre l'utilité pratique à laquelle il répond. Une moyenne de 10 à 12 diplômes est délivrée chaque année :

L'éducation du futur colonial a été confiée à l'Université de Bordeaux, qui a organisé une série complète de cours spéciaux, qui portent sur les matières suivantes :

La Géographie coloniale,
L'Histoire de la Colonisation,
La Législation coloniale,
L'Agriculture coloniale,
Les Produits coloniaux,
L'Hygiène,
La Topographie et la construction.

Le Musée colonial sert à la fois à compléter l'enseignement, à instruire le public et à renseigner les négociants qui désirent comparer un échantillon avec un type classé de marchandise.

Enfin, grâce aux serres que la ville de Bordeaux a mises gracieusement à la disposition de l'Institut Colonial, on a pu organiser un service d'expériences de cultures coloniales, puis un jardin d'acclimatation à la Colonie Saint-Louis, Etablissement agricole où les enfants moralement abandonnés de la Gironde sont élevés et instruits.

Grâce à ces éléments de succès, le service des cultures de l'Institut Colonial de Bordeaux présente un intérêt particulier. Les collections de plantes textiles, alimentaires et médicinales sont aussi complètes que possible, et il faut signaler que les essais d'acclimatation poursuivis sur certaines plantes ont été couronnés de succès : on a réussi notamment pour la patate douce du Dahomey, variété rouge, tubercule très riche en principes sucrés, dont l'Institut Colonial a distribué gratuitement plus de 2.000 boutures en 1905.

Telle est la physionomie générale des principaux services de l'Institut Colonial de Bordeaux. Il s'est efforcé d'être pratique en cherchant à juxtaposer et à combiner pour le plus grand bien du pays, les efforts des savants et des négociants.

De ce mutuel concours entre l'Université et le Commerce, de cette union des hommes d'étude et des hommes d'affaires, on ne peut espérer que de féconds résultats.

Si les pouvoirs publics ont toujours largement soutenu les institutions dues à l'initiative privée, ils n'ont pas limité à ces concours leur participation à l'œuvre nécessaire de l'enseignement colonial.

En dehors des Etablissements spéciaux officiels qui ont été fondés, tels que l'École Coloniale, le Jardin Colonial, les Ecoles d'Agriculture, le Laboratoire Colonial du Muséum d'Histoire Naturelle, l'Office Colonial, etc., nos universités, justement préoccupées de mettre leur enseignement en harmonie avec les besoins modernes, tendent à faire une place de plus en plus large à l'étude des questions coloniales.

Aujourd'hui donc, ceux qui se destinent à la vie coloniale disposent de moyens suffisants de préparation à la carrière qu'ils ont choisie. Mais ce n'est pas à ceux-là seulement, qui iront diriger en Afrique ou en Asie nos entreprises agrico[illegible]mmerciales ou industrielles, que des notions précises sur [illegible]es et les besoins de nos colonies sont nécessaires. Car toute affaire coloniale exige la réunion de deux éléments : des capitaux importants, puis de bons états-majors, qui seront chargés d'en assurer le judicieux emploi.

Or, ces capitaux sont répartis en une infinité de mains : il n'est pas indifférent que leurs détenteurs soient ou non en mesure de juger sainement de la valeur de l'entreprise pour laquelle on sollicite leur concours financier.

L'intérêt du capitaliste s'accorde sur ce point avec l'intérêt général, car il importe, ici encore, d'éviter le gaspillage de cette énergie réservée que constitue le capital, pour lui assurer la meilleure et la plus efficace utilisation.

C'est une des raisons, entre cent autres, pour lesquelles il ne faut pas négliger d'éclairer le public sur les questions coloniales ; et même de le familiariser avec elles.

Les expositions constituent un puissant moyen de propagande, à la condition d'être méthodiquement préparées.

M. F. Crozier, commissaire des Colonies à l'Exposition de Liége, croit qu'il serait extrêmement utile d'adjoindre à toute exposition coloniale un Bureau commercial, qui centraliserait gratuitement ou moyennant une rétribution minime de la part des intéressés, tous les renseignements, prospectus, catalogues, notices, etc., concernant les ressources des différentes colonies exposantes, de manière à pouvoir répondre le plus tôt possible, si ce n'est sur l'heure, à toutes les questions sur les produits de nos possessions ou les exploitations qui y sont situées.

Il y aurait lieu de prendre modèle à ce sujet sur le Bureau Commercial qui a fonctionné à l'Exposition de Liége.

La formation de ce bureau demanderait, bien entendu, une préparation assez longue, étant donnée la correspondance qu'elle exigerait entre la métropole et les colonies.

Pour cette question comme pour le vote des crédits, il est essentiel que dans les participations coloniales futures, les décisions soient prises assez tôt pour laisser aux organisateurs le temps nécessaire à la conception et à l'exécution méthodique des projets de ces expositions.

Celles-ci doivent être de plus en plus des expositions de produits, de documents, de renseignements, des expositions commerciales et industrielles en un mot, quelque arides que puissent sembler au premier abord ces exhibitions dépourvues des ornements habituels, dénommés bien à tort ethnographiques, qui ont été jusqu'à présent la caractéristique des Sections coloniales pour le plus grand amusement des naïfs badauds, mais au grand détriment du but sérieux à poursuivre qui est la vulgarisation des ressources de nos colonies.

Sans contester l'importance que les études ethnographiques, géologiques ou autres peuvent présenter, ces études n'intéressant généralement que des hommes de science, il serait préférable que les collections ou les travaux dont elles sont l'objet fussent concentrés dans des établissements permanents, comme les Instituts coloniaux, l'Office Colonial, le Jardin Colonial, le Muséum d'histoire naturelle et autres établissements analogues sous la direction de savants compétents.

Le commissaire des Colonies croit, en outre, devoir signaler à nos différents Gouvernements généraux le grand intérêt qu'il y aurait dans l'avenir à étiqueter tous les produits d'une façon très complète, en y ajoutant même, pour chacun d'eux, une notice indiquant les origines exactes, les quantités approximatives pouvant être fournies actuellement et dans l'avenir, qui peut les procurer et quels en sont les prix.

C'est également un but de vulgarisation que poursuivent les œuvres de propagande qui s'efforcent, soit par des publications, soit par l'organisation de conférences, de faire connaître de plus en plus nos colonies, leur situation, leurs ressources et leurs besoins. Un assez grand nombre d'entre elles et des plus importantes ont participé à l'Exposition de Liége, où des tableaux, des notices et les publications qu'elles éditent témoignent de leur inlassable activit.

Ce sont notamment : l'Union Coloniale Française, qui rend de si éminents services à la cause coloniale depuis sa fondation, déjà ancienne ; le Comité de Propagande de l'Afrique Occidentale Française, les Comités de Madagascar, de l'Asie Française, de la Guyane Française ; le Comité du Commerce et de l'Industrie d'Indo-Chine, dont les titres précisent d'eux-mêmes le but plus particulier assigné à leurs travaux.

D'autres œuvres unissent à leur mission de propagande un but philanthropique : elles sont représentées à Liége par la Société Française d'Emigration des Femmes, et par « l'Africaine », Société amicale de propagande et de secours des anciens militaires de l'Armée d'Afrique, qui offre un type d'association à peu près unique et des plus intéressants.

Enfin, l'Œuvre antiesclavagiste de France, et la Mission laïque française sont d'autres exemples d'œuvres humanitaires d'assistance ou d'instruction pratique aux colonies.

Mais la propagande coloniale que poursuivent d'un commun élan toutes ces associations diverses n'atteint qu'un public relativement restreint. Nos colonies avaient encore droit à une publicité plus étendue, à une vulgarisation plus large.

Ce fut l'œuvre de la Presse Coloniale de la Métropole. L'importance qu'elle a acquise depuis une quinzaine d'années se justifie par le rôle d'éducatrice qu'elle a su remplir et les services qu'elle a rendus.

Dans celles de nos colonies, rares encore, où une presse locale a pu se fonder, la mission qui lui appartient n'est pas moins belle ni moins utile. Elle doit consister à guider l'opinion en ne s'inspirant jamais que des intérêts véritables du pays, à travailler sans relâche à déterminer et à maintenir un accord complet et une confiance réciproque entre les divers éléments qui doivent nécessairement concourir à assurer l'avenir de la colonie, son développement et ses progrès : la population indigène, le colon, et l'Administration.

Le Syndicat de la Presse Coloniale s'est constitué en 1885, époque où les publicistes coloniaux étaient bien peu nombreux encore ; mais son développement a été si rapide qu'il se classe aujourd'hui au cinquième rang parmi les grandes associations de la Presse française. Sa participation à l'exposition de Liége groupe un grand nombre de publications, quotidiennes ou périodiques, paraissant en France ou dans nos colonies.

Enfin, la bibliographie s'enrichit tous les jours de nouveaux ouvrages, dans lesquels des publicistes d'une science consommée des questions coloniales, servie par le talent de l'écrivain, consignent le fruit de leurs études et de leur expérience.

La classe 117 en réunit un nombre important (1).

Ainsi apparaît très insuffisamment retracée, en ces quelques lignes, l'œuvre considérable qui se poursuit, infiniment active et diverse, de l'enseignement et de la propagande des questions coloniales.

---

(1) L'Exposition coloniale française à Liége a été l'occasion de la publication toute récente d'un livre remarquable par la conscience et la richesse de sa documentation, absolument à jour. Toutes nos colonies y sont successivement étudiées au triple point de vue géographique, politique et économique, dans une série de notices d'une haute valeur et d'un grand intérêt pratique, « *Les Colonies françaises à l'Exposition de Liége* », notice publiée par J.-L. Brunet, secrétaire de la classe 117 et délégué de la Presse coloniale à l'Exposition de Liége, avec la collaboration de MM. Louis Brunet, sénateur, Le Hérissé, député, Marc Clique, Charles Lemire, Max Robert, Louis Simon et J.-P. Trouillet, et le concours de la *Dépêche Coloniale Illustrée*. (*Actualités Diplomatiques et Coloniales*, 33, rue de l'Entrepôt, Paris, 1905.)

# L'ŒUVRE COLONIALE DE LA FRANCE

# L'ŒUVRE COLONIALE DE LA FRANCE

Grâce à l'étude chaque jour plus approfondie des questions coloniales et à l'expérience du passé, nous pouvons dès maintenant travailler efficacement au rapide développement économique de notre domaine colonial.

Instruits des méthodes les plus sûres, éclairés sur les exigences particulières de chaque pays, nous saurons nous prémunir contre des entraînements irraisonnés et des fautes peut-être graves, qu'une insuffisante préparation expose fatalement à subir ou à commettre dans l'action politique ou économique coloniale.

Le caractère de la grande majorité de nos colonies a été déjà précisé : Colonies d'exploitation, elles sont peuplées d'indigènes, sur le concours exclusif desquels nous pouvons seulement compter pour assurer l'utilisation progressive et le développement de leurs richesses naturelles.

C'est donc en s'inspirant de ces nécessités pratiques qu'il importe d'administrer ces populations. Notre politique coloniale doit, par conséquent, être avant tout une politique indigène, s'harmonisant le plus complètement possible avec les mœurs et le caractère des peuplements qu'elle a pour mission de protéger, d'instruire et de diriger.

C'est cette politique nécessaire que M. le Ministre des Colonies a récemment définie avec une grande élévation de pensée et une remarquable force d'expression :

« Presque toutes nos possessions, disait-il, sont dans la zone tropicale ; les difficultés du climat, jointes à la faible natalité de notre race, s'opposent à une immigration importante. Une politique indigène humaine et juste est donc pour nous une nécessité en même temps qu'un devoir. Non pas que j'entende distribuer inconsidérément aux indigènes nos idées et notre civilisation. L'assimilation immédiate est chimérique : entre l'Européen et le nègre soudanais, l'incarnation de l'enfance de l'humanité, entre l'Asiatique sursaturé de civilisation et l'Arabe qui passe immuable à travers les siècles, il y a plus que des différences géographiques ; il faut donc donner à ces races diverses une éducation appropriée à leur nature, dissiper leurs préventions ataviques et les conquérir à la fois par l'esprit et par le cœur.

« Nous y parviendrons par la protection du travailleur indigène, par le développement des œuvres d'assistance et surtout par le développement de l'instruction publique. Notre tâche ne sera accomplie que le jour où chaque village aura son école et où l'enfant apprendra confusément, dès ses plus jeunes années, à aimer notre doux pays de France comme sa seconde patrie. Cette tâche, nous l'accomplirons.

« Peuple essentiellement éducateur et humain, nous sommes mieux armés que qui que ce soit pour faire de bonne politique indigène.

« Mais nous avons encore un autre moyen de conquérir l'âme de l'indigène et ce moyen nous devons y recourir dans la plus large mesure. Faisons de lui un associé, en développant chaque jour davantage la richesse de son pays et en lui laissant une large part de sa prospérité afin qu'il sache bien que ce sont ses propres intérêts qu'il défendra en défendant les nôtres. Accroissons donc l'outillage économique de nos colonies. Là où la fécondité capricieuse du sol ne suffira plus, organisons la production. Disciplinons la nature en nous disant bien qu'il faut épouser le sol et non le violenter. Ces vastes territoires, en perpétuelle gestation, nous rendront avec usure les sacrifices que nous aurons faits pour eux. Alors les gigantesques cellules inorganiques que sont encore certaines de nos possessions deviendront des organismes sociaux ; ils poursuivront leur évolution matérielle et morale, et galvanisés par le génie de la France, ils lui apporteront la moisson de nos espoirs réalisés. » (1)

L'étroite union des intérêts de l'indigène et du colon est incontestable : il faut que désormais elle soit incontestée. Déjà dans quelques pays de l'Afrique Occidentale et aussi à Madagascar, on s'aperçoit de la part importante qui incombe à l'indigène dans nos travaux. Combien d'entreprises projetées, pourtant d'un intérêt immédiat, demeureront longtemps encore irréalisables, faute des bras indis-

(1) Extrait d'un discours prononcé le 1er mars 1905 au Banquet Colonial par M. Clémentel, ministre des Colonies. — NOTRE POLITIQUE INDIGÈNE ET LA PRESSE DES COLONIES, par Ch. Lemire, *Actualités Diplomatiques et Coloniales*, juin 1905.

pensables. S'il est donc juste et humain de protéger la population indigène et de l'intéresser à nos travaux, ce n'est pas suffisant encore. Il faut aussi favoriser son développement par tous les moyens en notre pouvoir. Le problème n'est pas en réalité si complexe qu'il pourrait le paraître ; presque toutes les races en présence desquelles nous nous trouvons sont très fécondes. Il suffit donc de préserver l'enfant des dangers qui le menacent le plus souvent à sa naissance, presque toujours pendant les premiers mois de sa vie. Il faut ensuite s'organiser efficacement pour la lutte contre les épidémies.

Peut-être enfin serait-il opportun de se préoccuper de la répercussion possible sur la natalité de certains systèmes d'impôt. Bien que peu ouverte encore, l'intelligence du noir est cependant susceptible de saisir facilement, par exemple, le rapport de causalité entre le chiffre de la taxe de capitation qu'il paye et l'importance de sa famille.

C'est à ces fins, très brièvement rappelées, que doit tendre notre action dans l'avenir, aussi bien pour assurer le prompt succès du labeur qui nous reste à entreprendre que pour préserver de tout péril et ne point compromettre les résultats déjà si grands de nos premiers efforts.

Un territoire de plus de 7 millions de kilomètres carrés, peuplé d'une quarantaine de millions de sujets, tel est, en effet, le domaine colonial que vingt années de travail opiniâtre et persévérant ont réussi à donner de la France.

Certes, une entreprise aussi considérable n'a pu être poursuivie sans exiger parfois de lourds sacrifices : mais les résultats qu'ils permettaient d'espérer les justifiaient et déjà nous recueillons les premiers fruits de tant d'efforts. Si l'œuvre préparatoire à la mise en valeur effective de nos immenses possessions n'est pas encore achevée, elle est du moins assez avancée presque partout pour assurer dès maintenant un nouvel essor au développement économique de nos colonies.

Une importante partie d'un vaste programme de travaux publics est déjà terminée : des ports ont été creusés et aménagés, un réseau considérable de routes a été ouvert, plus de 2.000 kilomètres de voie ferrée sont maintenant construits et en exploitation. Déjà l'activité économique de nos colonies se traduit par un mouvement commercial de près de 800.000.000 (l'Algérie et la Tunisie non comprises) ; ce chiffre n'était encore que de 656.000.000 en 1899.

Des gouverneurs éminents ont doté nos pays neufs d'une organisation politique, administrative et financière adaptée à leurs besoins ; les grands services de l'enseignement, de l'hygiène et de l'assistance publics sont partout constitués sur des bases qui permettent d'espérer leur prompt et facile développement.

Voilà, résumé en quelques mots, le bilan de la France Coloniale en 1904.

Si quelques erreurs inévitables ont été commises sur certains points, si des fautes de détail ont soulevé parfois des critiques justifiées, il faut se hâter de reconnaître qu'elles disparaissent dans un ensemble aussi grandiose et en somme si satisfaisant.

En dépit des fâcheuses prédictions que firent entendre jadis les détracteurs systématiques de notre expansion coloniale, le génie et l'activité de notre race ont su réaliser une œuvre belle et utile qui offre déjà les plus magnifiques perspectives à notre pays.

Elle honore grandement la France et la République.

PAUL MAUREL.

# ANNEXES

# ANNEXES

Tableau du mouvement du commerce général des Colonies françaises en 1903.

Tableau des importations dans l'ensemble des Colonies françaises de 1894 à 1903, des fils, tissus de coton, tissus divers, boissons, farine de blé, bois, ouvrages en métaux, houille.

Tableau des exportations de l'ensemble des Colonies françaises de 1894 à 1903, du caoutchouc, des matières oléagineuses, du café et du sucre.

Tableau des importations du riz dans les Colonies en général, 1896-1900-1903.

Tableau des exportations du riz de l'ensemble des Colonies, 1896-1900-1903.

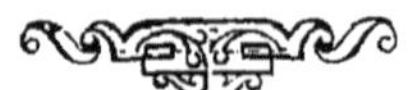

## Commerce général des Colonies françaises en 1903

| | IMPORTATIONS | EXPORTATIONS | TOTAUX |
|---|---|---|---|
| INDO-CHINE | 204.253.872 | 120.448.505 | 324.702.377 |
| AFRIQUE OCCIDENTALE | 89.948.359 | 71.873.281 | 161.822.640 |
| MADAGASCAR | 32.898.554 | 16.271.010 | 49.169.564 |
| RÉUNION | 21.508.588 | 19.091.900 | 40.700.488 |
| INDE FRANÇAISE | 9.319.596 | 28.059.017 | 37.378.613 |
| MARTINIQUE | 20.389.568 | 15.104.073 | 35.493.641 |
| GUADELOUPE | 16.359.061 | 17.812.489 | 34.171.550 |
| GUYANE | 10.468.081 | 12.330.391 | 22.798.472 |
| NOUVELLE-CALÉDONIE | 13.671.998 | 8.963.895 | 22.635.893 |
| COTE des SOMALIS | 7.530.221 | 10.450.900 | 17.981.121 |
| SAINT-PIERRE et MIQUELON | 8.306.117 | 9.552.744 | 17.858.861 |
| CONGO | 6.978.077 | 9.938.242 | 16.916.329 |
| TAHITI | 3.907.316 | 4.678.052 | 8.383.368 |
| MAYOTTE et dépendances | 1.715.272 | 2.381.888 | 4.097.160 |

## Importations des principales marchandises dans l'ensemble des Colonies françaises

*(En valeur)*

| FILS | | TISSUS DE COTON | |
|---|---|---|---|
| ANNÉES | TOTAUX | ANNÉES | TOTAUX |
| 1894 | 8.876.497 | 1894 | 35.703.180 |
| 1895 | 8.863.508 | 1895 | 46.249.041 |
| 1896 | 7.897 018 | 1896 | 32.000.721 |
| 1897 | 12.187.387 | 1897 | 39.854.889 |
| 1898 | 8.453.163 | 1898 | 42.448.520 |
| 1899 | 10.058.977 | 1899 | 56.894.000 |
| 1900 | 22.533.241 | 1900 | 57.268.000 |
| 1901 | 16.627.366 | 1901 | 72.290.000 |
| 1902 | 10.428.980 | 1902 | 59,287.000 |
| 1903 | 11.980.200 | 1903 | 65.547.000 |

## Importations des principales marchandises dans l'ensemble des Colonies françaises.

*(En valeur)*

| TISSUS DIVERS | | BOISSONS | |
|---|---|---|---|
| ANNÉES | TOTAUX | ANNÉES | TOTAUX |
| 1894 | 35.727.000 | 1894 | 20.221.000 |
| 1895 | 46.288.000 | 1895 | 22.674.000 |
| 1896 | 51.469.000 | 1896 | 25.216.000 |
| 1897 | 44.884.000 | 1897 | 22.613.000 |
| 1898 | 52.949.000 | 1898 | 27.940.000 |
| 1899 | 68.210.000 | 1899 | 31.953.000 |
| 1900 | 92.112.000 | 1900 | 33.054.000 |
| 1901 | 97.339.800 | 1901 | 34.183.000 |
| 1902 | 82.337.000 | 1902 | 31.280.000 |
| 1903 | 89.821.000 | 1903 | 33.455.000 |

## Importations des principales marchandises dans l'ensemble des Colonies françaises.

| OUVRAGES EN MÉTAUX *(En valeur)* | | HOUILLE | |
|---|---|---|---|
| ANNÉES | TOTAUX | ANNÉES | TOTAUX |
| 1894............ | 22.195.000 | — — | — — |
| 1895............ | 32.975.000 | — — | — — |
| 1896............ | 60.278.000 | 1896............ | 4.384.000 |
| 1897............ | 42.703.000 | 1897............ | 4.537 000 |
| 1898............ | 57.691.000 | 1898............ | 6.370.000 |
| 1899............ | 65.853.000 | 1899............ | 6.067.000 |
| 1900............ | 81.569.000 | 1900............ | 7.377.000 |
| 1901............ | 93.211.000 | 1901............ | 7.417.000 |
| 1902............ | 76.729.000 | 1902............ | 6.935.000 |
| 1903............ | 49.770.000 | 1903............ | 6.152.000 |

## Importations des principales marchandises dans l'ensemble des Colonies françaises.

| FARINE DE BLE *(En valeur)* | | BOIS | |
|---|---|---|---|
| ANNÉES | TOTAUX | ANNÉES | TOTAUX |
| — — | — — | 1894............ | 4.304.000 |
| — — | — — | 1895............ | 3.620.000 |
| 1896............ | 8.518.000 | 1896............ | 3.807.000 |
| 1897............ | 9.188.000 | 1897............ | 4.000.000 |
| 1898............ | 8.683.000 | 1898............ | 4.709.000 |
| 1899............ | 10.208.000 | 1899............ | 5.177.000 |
| 1900............ | 11.602.000 | 1900............ | 7.356.000 |
| 1901............ | 13.370.000 | 1901............ | 5.788.000 |
| 1902............ | 11.135.000 | 1902............ | 6.489 000 |
| 1903............ | 11.674.000 | 1903............ | 5 836.000 |

## Importations des principales marchandises dans l'ensemble des Colonies françaises.

| SUCRES *(En valeur)* | | SUCRES | |
|---|---|---|---|
| ANNÉES | TOTAUX | ANNÉES | TOTAUX |
| 1896............ | 4.789.000 | 1900............ | 4.526.000 |
| 1897............ | 4.347.000 | 1901............ | 5.606.000 |
| 1898............ | 4.371.000 | 1902............ | 5.222.000 |
| 1899............ | 4.763.000 | 1903............ | 5.858.000 |

## Exportations des principaux produits de l'ensemble des Colonies françaises.

| CAFE | | (En valeur) SUCRE | |
|---|---|---|---|
| ANNÉES | TOTAUX | ANNÉES | TOTAUX |
| 1896 | 3.524.000 | 1896 | 35.908.000 |
| 1897 | 3.375.000 | 1897 | 31.617.000 |
| 1898 | 3.399.000 | 1898 | 31.100.000 |
| 1899 | 2.792.000 | 1899 | 34.015.000 |
| 1900 | 2.355 000 | 1900 | 35.348.000 |
| 1901 | 4.230 000 | 1901 | 42.718.000 |
| 1902 | 7.115.000 | 1902 | 29.014.000 |
| 1903 | 5.299.000 | 1903 | 34.506.000 |

## Exportations des principaux produits de l'ensemble des Colonies françaises.

| CAOUTCHOUC | | (En valeur) MATIERES OLEAGINEUSES | |
|---|---|---|---|
| ANNÉES | TOTAUX | ANNÉES | TOTAUX |
| 1894 | 3.905.000 | — — | — — |
| 1895 | 3.837.000 | — — | — — |
| 1896 | 7.611.000 | 1896 | 24.123.000 |
| 1897 | 9.289.000 | 1897 | 18.898.000 |
| 1898 | 12.544.000 | 1898 | 26.698.000 |
| 1899 | 14.530.000 | 1899 | 31.911.000 |
| 1900 | 21.356.000 | 1900 | 40.202.000 |
| 1901 | 14.495.000 | 1901 | 47.709.000 |
| 1902 | 18.313.000 | 1902 | 56.769.000 |
| 1903 | 25.354.000 | 1903 | 62.606.000 |

## Importation du Riz dans les Colonies en général.

| ANNÉES | TOTAUX |
|---|---|
| 1896 | 8.146 000 |
| 1900 | 11.653.000 |
| 1903 | 15.738.000 |

## Exportation du Riz des Colonies en général.

| ANNÉES | TOTAUX |
|---|---|
| 1896 | 5.915.000 |
| 1900 | 112.197.000 |
| 1903 | 80.891.000 |

# RAPPORTS

DES

## *COMITÉS D'ADMISSION & D'INSTALLATION*

DES

## Classes 116$^{B}$, 117$^{1}$, 117$^{2}$, 118 & 119

## du Groupe XVIII

# Bureau du Groupe XVIII

MM.

Georges SCHWOB, *Président;*

Louis OCHS,
Eugène BUHAN, } *Vice-Présidents ;*

V. CLADIÈRE,
R. ELLISSEN, } *Secrétaires ;*

Louis REYNAUD, *Secrétaire adjoint;*

Max GETTING, *Trésorier.*

Paul MAUREL, *Rapporteur général.*

## Classe 116B

# COLONISATION

MM.

J.-M. COUTURIER, *Président;*

L. OROSDI,
J. ROTIVAL,
A. COUSIN, } *Vice-Présidents ;*

L. DELIGNON, *Secrétaire;*

F. DORVAULT, *Trésorier.*

J. SCHNERB, *Rapporteur.*

## CLASSE 116B

S'il est une tâche ardue entre toutes, c'est celle des Comités d'admission et d'installation s'occupant spécialement des colonies.

La résidence lointaine des exposants rend les communications si lentes que le délai accordé jusqu'à la clôture des listes est toujours beaucoup trop court. Malgré cet important obstacle, le Comité de la classe 116 B a réussi à grouper 196 exposants, sur les 556 que comprend le Groupe XVIII (Colonisation). C'est là un résultat dont il y a d'autant plus lieu de se féliciter que, dans aucune des précédentes Expositions Universelles à l'étranger, nos colonies n'ont apporté une aussi grande participation, tant au point de vue du nombre des exposants que de l'importance même des expositions. Les efforts du Comité de la classe 116 B pour arriver à un tel succès ont été heureusement soutenus et encouragés par le distingué Commissaire des colonies et pays de protectorat, M. F. Crozier, et l'éminent Président du Groupe XVIII, M. G. Schwob, membre du Conseil Supérieur des Colonies et du Conseil d'administration de l'Office Colonial.

Les diverses installations de la Classe 116 B, qui comprend tous les produits de nos colonies, sont réparties dans les trois palais érigés dans le parc de Boverie, sur les plans de M. Léopold Decron, architecte du ministère du Commerce à Paris. Ces palais, situés entre celui de l'Etat indépendant du Congo et le grand palais des Beaux-Arts, sont donc assurés de recevoir la plus grande partie des visiteurs de l'Exposition de Liége.

Il y a lieu de se féliciter tout particulièrement de cette situation qui permet de mieux répandre dans le public la connaissance des produits si variés envoyés par nos sociétés coloniales et nos courageux et intelligents colons.

Ces envois sont répartis, selon leur provenance, dans le Palais des possessions africaines, le Palais des possessions asiatiques et le Palais de la Tunisie.

Le Palais de l'Afrique, le plus important, reflète sa blanche architecture dans un petit étang. Son aménagement, comme celui des autres palais coloniaux, est dû à l'habile architecte du ministère des Colonies, M. Charles Lefebvre. En ce qui concerne la classe 116 B, ce palais contient 90 expositions, parmi lesquelles nous mentionnerons tout spécialement celles des divers gouvernements de nos possessions africaines, qui réunissent les produits du sol : arachides, céréales, coton, caoutchouc, café, cacao, cire, riz, palmistes, sésame, huile de palme, bois de construction et d'ébénisterie, minerais ; les produits animaux, tels que les peaux, les plumes, l'ivoire, l'écaille, etc., puis encore les produits de l'industrie indigène, depuis les instruments aratoires, les armes, jusqu'aux articles montrant l'adresse manuelle et l'ingéniosité des naturels, dans leur bijouterie, leurs broderies, leurs instruments de musique, etc.

L'installation, dans le même pavillon, des produits industriels de nos diverses possessions africaines permet de faire d'intéressantes comparaisons entre l'habileté des habitants de la Côte d'Ivoire, de la Guinée, du Dahomey, du Sénégal.

Plusieurs de nos grandes sociétés de colonisation du Congo ont tenu à honneur d'exposer de nombreux échantillons des produits qu'elle exportent vers la métropole et d'autres pays d'Europe. Nous citerons tout spécialement les Expositions de la Compagnie Française du Haut-Congo, de la Compagnie Française de l'Ouhame et de la Nana, la Brazza-Ville, la Setté Cama, la Compagnie du Congo Occidental, la Compagnie Commerciale de Colonisation du Congo Français, qui, outre les arachides, le caoutchouc, la cire, la gomme et l'ivoire, bases de leurs opérations commerciales ont réuni des objets divers ouvrés par les indigènes et des armes.

De son côté, M. Léon Fould a su présenter une importante et intéressante collection de produits africains, qui, à elle seule, est tout un petit musée de l'exportation coloniale.

L'île de la Réunion est largement représentée par ses producteurs de sucre, de rhum, de tabac, de vanille, de thés, de fibres d'aloès, d'huile de géranium. La Société du Crédit Foncier Colonial présente la plus vaste collection de cette région.

Nous eussions aimé voir plus de produits de Madagascar, représentée seulement par quelques exposants qui ont envoyé du manioc, de la vanille, de l'arrow-root, de la cire, de la gomme, du caoutchouc, des bois, de l'écaille et de la nacre. Citons, entre autres, le Gouvernement général de Madagascar et la Société Madagaskara qui expose du caoutchouc, des peaux, du rafia, etc., etc., etc...

Djibouti a envoyé ses cafés et ses cires.

Parmi les industries nouvelles établies par nos nationaux, nous signalerons celle de la chaux hydraulique artificielle fabriquée à Saint-Denis (Réunion) par MM. A. Lelièvre et Cie.

Nous ne terminerons pas cette nomenclature sans appeler l'attention sur l'Exposition coloniale Bordelaise qui à elle seule comprend 18 exposants. C'est grâce à leurs intelligents efforts que Bordeaux est devenu un important marché du caoutchouc, marché qui se développe de jour en jour, mais l'activité des maisons coloniales de Bordeaux s'attache depuis de longues années à d'autres produits de la Côte occidentale d'Afrique.

Il y a longtemps qu'elles importent les arachides et les gommes arabiques et copal, les noix palmistes. Elles sont fort bien placées aussi pour importer les fruits frais et le poisson conservé frais dans de la glace.

C'est certes par là, avec la production du coton et du caoutchouc, que nos possessions africaines assureront en grande partie leur prospérité.

Le palais de la Tunisie a été édifié sur les plans du Service d'architecture du Gouvernement tunisien. Les salles de ce pavillon, d'un style très pur, aux lignes si gracieuses de l'art mauresque, comprennent 41 expositions de la Classe 116 B.

Les produits de la Tunisie sont déjà trop connus pour que nous ayons besoin de rappeler que les huiles d'olive de Sousse et de Sfax rivalisent aujourd'hui avec les meilleures productions européennes, que les vins tunisiens luttent avec ceux de l'Algérie, de même que les fruits secs, dattes et amandes. L'alfa et ses produits manufacturés, les laines et les céréales, ainsi que les éponges sont largement représentés. Nous citerons l'intéressante industrie de la pâte d'alfa destinée principalement à la fabrication du papier, les minerais divers, l'extraction du sel marin, le liège, les écorces à tan, les bois de construction et l'onyx, dont l'exploitation se développe avec les nouveaux besoins de la construction moderne.

Le palais de l'Asie, de dimensions plus modestes que celui de l'Afrique, et placé presque au bord de la Meuse, comprend non seulement l'exposition de nos colonies asiatiques, mais encore celle des Antilles françaises; le chiffre total des exposants de la Classe 116 B s'y élève à 45.

Les Directions de l'Agriculture, des Forêts et du Commerce de nos possessions indo-chinoises ont groupé d'intéressantes collections de tous les produits naturels et manufacturés du Cambodge, de la Cochinchine et du Tonkin, formant un véritable musée, garni de mannequins revêtus des divers costumes si pittoresques de ces contrées.

Nul n'ignore que nos colonies indo-chinoises sont appelées à une grande prospérité tant par leur fertilité que par leur richesse en produits minéraux. Le riz s'exporte en quantités énormes. Plusieurs gouvernements et mairies du Cambodge en ont envoyé, soit sous forme de paddy, soit décortiqué. M. Delignon, de Qui-Nhon, a réuni des échantillons de cafés, thés, caoutchouc et soieries ainsi que des produits forestiers de l'Annam.

La Manufacture des tabacs de l'Indo-Chine expose des tabacs indochinois et chinois, en feuilles, en cigares, cigarettes et tabacs à fumer.

Parmi les produits minéraux il faut mentionner les charbons de la Société française des Charbonnages du Tonkin, les minerais d'étain de MM. Duverger frères, d'Hanoï, les marbres de la montagne de Khnong (Cambodge).

Comme produits végétaux, rappelons encore le thé, les rotins, le coprah, la cire, le coco, l'arachide, le poivre et les bois, toutes matières qui s'exportent sur une vaste échelle.

La soie grège et tissée est produite dans toutes les provinces formant cette belle colonie.

Comme nous le disions plus haut, le même palais de l'Asie comprend les envois de la Martinique, dont le rhum et le sucre sont le principal contingent.

Parmi les exposants de ces produits, nous mentionnerons MM. David Gradis et fils, Fernand Clerc, Plissonneau et Cie de Courmont, A. Pécoul, etc.

M. Métadier a exposé une collection des produits de la Nouvelle-Calédonie, qui se trouve ainsi représentée dans notre Classe.

La Classe 116 B réunit, grâce à l'activité et au dévouement de ses organisateurs, une collection aussi variée qu'instructive, et unique à ce jour, de toute notre production coloniale, appelée à prendre un vaste essor, doublement profitable, tant à nos colonies mêmes qu'à la Métropole.

J. Schnerb.

## Classe 117

*(1re Section : Colonies)*

# PROCÉDÉS DE COLONISATION

MM.

G. BINGER, *Président ;*

A. KERMORGANT,
H. BOUTTEVILLE,
J. DYBOWSKI,
H. GABELLE, } *Vice-Présidents ;*

J.-L. BRUNET, *Secrétaire ;*

G. PONCELET, *Trésorier.*

DU VIVIER DE STREEL, *Rapporteur.*

## CLASSE 117

(PREMIÈRE SECTION : COLONIES).

Le titre de la classe 117 est commenté dans le résumé suivant :

I. — Monographies et statistiques politiques, administratives, industrielles, agricoles et commerciales.

Produits du sol, produits du sous-sol, produits du règne animal.

Documents relatifs à la production, à l'importation, à l'exportation. Commerce d'importation, échange, sociétés commerciales.

Emploi pour la colonisation de la main-d'œuvre indigène, de l'immigration, de la transportation.

Industries existantes, industries à introduire, industrie des transports.

Sociétés de propagande et d'encouragement pour la colonisation.

II. — Le pays (géographie, climatologie, météorologie, géologie, minéralogie, faune, flore).

Les habitants (anthropologie, ethnographie, linguistique).

Evolution politiqne et morale. — Histoire, organisation et administration.

Organisation de la propriété, moyens de transmission.

Enseignement indigène. Enseignement donné aux indigènes en vue de répandre parmi eux les connaissances des peuples civilisés et de faciliter les relations commerciales.

Enseignement donné dans les pays colonisateurs en vue de développer les affaires coloniales et d'assurer le fonctionnement des divers services.

Missions. — Explorateurs. — Collections commerciales et scientifiques rapportées par les voyageurs.

Ce sommaire explicatif contient, à vrai dire, plus de matières que le titre de la classe n'en annonçait.

On y voit figurer, par exemple, l'étude des richesses naturelles du sol et du sous-sol des colonies. On y inclut, d'autre part, l'histoire de la colonisation.

On nous pardonnera d'exprimer ici le vœu qu'au moins la première de ces questions fasse, à l'avenir, dans les classifications l'objet d'un chapitre séparé. L'étude du sol et du sous-sol de nos possessions d'outre-mer, de leur exploitation et des produits qu'ils pourraient ou peuvent procurer, mérite une place à part, comme le commerce auquel est réservée la classe 116 et le matériel colonial dont s'occupe exclusivement la classe 118.

Puisque la classe 117 a également dans son champ d'étude l'histoire de la colonisation, nous jetterons un coup d'œil rapide sur cette histoire avant d'examiner les procédés actuels de colonisation de notre pays et de rendre compte des efforts faits par chaque exposant de la classe 117 à l'Exposition de Liége.

Notre rapport comprendra donc trois parties :

1° Aperçu rétrospectif sur la colonisation et les procédés employés par les peuples modernes pour créer et développer leur domaine colonial du XVe siècle à la fin du XVIIIe.

2° Etude des méthodes de colonisation contemporaines employées notamment par la France et des procédés divers qui peuvent être appliqués dans les colonies françaises.

3° Renseignements et notices sur la participation des divers exposants de la classe 117 (section 1. — Colonies).

---

## PREMIÈRE PARTIE

### APERÇU HISTORIQUE SUR LA COLONISATION ET SUR LES PROCÉDÉS EMPLOYÉS PAR LES PEUPLES MODERNES POUR CRÉER ET DÉVELOPPER LEUR DOMAINE COLONIAL.

Pour ne pas étendre au delà des limites qui nous sont imposées l'historique de la colonisation et de ses procédés, nous laisserons de côté les entreprises si intéressantes cependant des peuples anciens et nous bornerons notre étude à celles des peuples modernes.

A vrai dire, les motifs qui ont provoqué la colonisation grecque, phénicienne ou romaine, ne diffèrent guère de ceux qui ont amené, dès les XVe et XVIe siècles, certaines nations européennes à créer des établissements sur les continents alors presque inconnus de l'Afrique, de l'Asie et de l'Amérique.

Nécessité de déverser le trop-plein de leur population sur des territoires vacants, désir ou besoin d'aventures et de conquêtes, recherche de débouchés commerciaux nouveaux pouvant répondre à l'activité de l'industrie et de la navigation métropolitaines, tels furent dans l'antiquité les trois motifs différents qui poussèrent loin de la mère-patrie les Grecs, les Romains, les Phéniciens ou les Carthaginois, comme ils ont poussé plus tard les Espagnols, les Portugais, les Hollandais, les Anglais et notre race elle-même.

On est également surpris de la similitude des procédés de colonisation employés dans l'antiquité et de ceux qui ont été en pratique chez les peuples modernes. On peut constater, par exemple, dans les fouilles faites sur les rives espagnoles de la Méditerranée autrefois colonisées par les peuples de l'Asie Mineure à l'époque préhistorique, que les commerçants, non seulement importaient les mêmes marchandises que celles qui constituent aujourd'hui la pacotille des traitants africains, mais encore qu'ils avaient le même souci de parer cette marchandise pour en rehausser la valeur aux yeux de leurs clients.

Le commerce des parfums, qui a, en Afrique, une importance dont on s'étonne assez légitimement, était un des éléments importants de transaction avec les peuplades préhistoriques de l'Espagne alors qu'elles ignoraient encore l'usage du fer, et les importateurs phéniciens avaient soin de vendre leurs produits dans des flacons d'ivoire curieusement sculptés et richement décorés pour en accroître l'attrait, de même que nos négociants contemporains présentent la lavande ou le musc qu'ils débitent dans leurs comptoirs, dans des flacons de forme bizarre ornés de rubans et d'images. Ce simple détail fait apparaître la similitude des procédés anciens et modernes; tant il est vrai que l'histoire est un perpétuel recommencement.

Quoi qu'il en soit, nous laisserons de côté ici les faits qui se rattachent à l'antiquité pour remonter seulement à la fin du XVe siècle, aux XVIe et XVIIe siècles, époques des premières grandes conquêtes coloniales de l'Europe.

Comme nous l'indiquons plus haut, les causes qui amenèrent ces conquêtes sont au nombre de trois :

Goût de conquêtes et d'aventures, besoin d'augmenter le prestige et l'autorité politiques d'un Etat ou d'un souverain.

Nécessité de déverser sur des pays vacants une partie de la population métropolitaine par suite d'un excès de population, d'une crise économique ayant provoqué une misère excessive ou de luttes intestines, religieuses ou politiques.

Recherche de débouchés commerciaux pour l'industrie et la marine nationales.

La colonisation espagnole et la colonisation française peuvent se réclamer de la première de ces causes.

La colonisation anglaise et plus récemment celle de la Russie et de l'Italie de la seconde.

La colonisation portugaise et hollandaise sont issues de la troisième.

Il est de quelque intérêt de tenir compte des mobiles de ces diverses émigrations, car ils expliquent, avec le tempérament propre à chaque nation, les procédés employés par elle et les résultats obtenus.

**Colonisation espagnole.** — L'Espagne, qui doit un peu ses colonies au hasard, les a fondées et conservées pour répondre aux goûts d'aventures et de guerre de ses sujets, et en même temps parce que le mépris du travail acquis par une grande partie de sa population au cours de longs siècles de combats lui créait l'obligation de se procurer des revenus en dehors du sol de la Péninsule. Pour ces diverses raisons, elle s'est installée dans l'Amérique du Sud sans autre préoccupation que d'y créer une caste dirigeante s'enrichissant sans efforts aux dépens des indigènes ; elle y a régné par la force et par des moyens uniquement politiques.

Il n'y a eu aucune pénétration de l'élément indigène par les colons espagnols. Ceux-ci se trouvaient réunis dans les grandes villes seulement ; ils remplissaient tous les emplois administratifs dont la noblesse créole elle-même était exclue et considéraient très sincèrement qu'il n'y avait point d'autre procédé d'exploitation du pays. Ce n'est que dans la deuxième moitié du XVIIIe siècle que cette conception s'est modifiée. Elle a eu pour conséquence, à cette époque, un bel essor de la prospérité de l'empire espagnol.

Mais pour n'avoir pas su extirper complètement les germes profonds de son ancienne organisation, pour avoir voulu sauvegarder la puissance métropolitaine en jetant la division et en entretenant la haine dans les éléments si variés de la population coloniale, pour n'avoir pas su mettre un frein à la corruption et aux dilapidations de ses fonctionnaires, l'Espagne a abouti, au commencement du XIXe siècle, à d'effroyables guerres civiles, qui, après de douloureuses péripéties, se sont terminées par la disparition complète de son empire.

**Colonisation portugaise.** — La colonisation portugaise fut, elle, inspirée par des besoins commerciaux.

La conception en était ingénieuse et il semble qu'elle ait été reprise depuis par l'Angleterre.

Les Portugais ont cherché, en effet, la possession, non des Indes, mais de la route et du commerce des Indes. C'est dans ce but qu'ils ont occupé toutes les escales semées sur cette route.

Malheureusement l'abus qu'ils firent de la force, leurs prétentions de s'imposer uniquement par leurs soldats aux populations indigènes, leur aliénèrent toute sympathie ; ces procédés entraînèrent en même temps pour la métropole des charges dont le poids ne fut pas toujours compensé par le profit qu'elle tirait de son occupation.

L'usage inconsidéré des monopoles et des concessions privilégiées, la part restreinte laissée à l'industrie privée, l'accaparement par les fonctionnaires de toutes les affaires, eurent pour conséquence d'énormes abus, et des fautes de gestion ruineuses. Ils provoquèrent en même temps la jalousie et le mécontentement des autres puissances maritimes.

Le commerce par vaisseaux de guerre usité par le Portugal, donnait de fortes tentations à ses rivaux de s'enrichir à bon compte en s'emparant des flottes portugaises. Ils ne manquèrent pas de se laisser aller à ces tentations.

Peu à peu le Portugal vit ainsi décliner son empire des Indes; il essaya alors de compenser ses pertes en entreprenant en Afrique un trafic de sinistre mémoire : la traite des noirs. Outre ce qu'il avait d'odieux, un tel commerce constituait un procédé de colonisation désastreux ; le profit qu'il procurait tout d'abord aux colons portugais, amenait peu à peu ceux-ci à abandonner toute autre opération ; la colonie se dépeuplait, le commerce cessait et la métropole restait, sans compensation, avec les charges d'administration d'une possession ravagée et vouée pour de longues années à l'inaction et à la stérilité.

Parmi les colonies portugaises, il en est une cependant dont la destinée fut brillante ; c'est le Brésil. Pourquoi en a-t-il été ainsi ? Sans doute parce que la métropole se montra à son égard plus indifférente et qu'elle n'y introduisit point ainsi les pratiques fâcheuses qui amenèrent la ruine de ses autres possessions.

Le Brésil tomba entre les mains des Portugais par suite d'une erreur géographique. La bulle du Pape Alexandre VI assignait au

Portugal toutes les terres découvertes à l'est d'une ligne qui devait passer à cent lieues à l'ouest des Açores ; on plaça le Brésil à l'est de cette ligne, par ignorance ou volontairement, et des extensions ultérieures firent que les territoires concédés comprirent bientôt toute l'Amérique tropicale au sud de l'Equateur. Cette région, dans laquelle les Européens ne trouvaient pas d'or et d'argent, eut, tout d'abord, peu d'attrait pour eux; les Portugais faillirent même l'abandonner. Ils y déportèrent au début les condamnés et les Juifs. Ces Juifs industrieux commencèrent au Brésil la culture de la canne, et rapidement la prospérité du pays, la richesse de son sol, l'indépendance relative laissée aux colons, y amenèrent de nombreux émigrants.

Au XVIIe siècle, le Brésil entrait pour un quart dans les revenus du Portugal et égalait à lui seul le commerce de la mère patrie avec toutes les contrées d'Europe.

Cette prospérité subit une profonde atteinte au milieu du XVIIIe siècle, à la suite d'une décision prise par le marquis de Pombal supprimant toutes les caravanes commerciales qui faisaient jusque-là le transport des produits de la colonie jusqu'à Lisbonne, pour les remplacer par des Compagnies privilégiées. Mais la découverte des mines d'or et surtout celle des mines de diamant répara une partie de ce dommage.

Le Brésil, cependant, au commencement du XIXe siècle, se sépara de sa métropole. Cette séparation ne peut être considérée comme la condamnation du système adopté par le Portugal pour coloniser son empire américain.

Elle est au contraire tout à la gloire du Portugal. N'est-ce pas le sort réservé à la plupart des colonies de se détacher un jour, lorsqu'elles sont arrivées à pleine maturité, de l'arbre qui les a portées ? L'ambition des peuples métropolitains ne doit-elle pas être, non d'empêcher cette séparation, mais seulement de la préparer de telle sorte qu'elle se fasse sans éclat et sans haine et que la nation nouvelle conserve avec le peuple dont elle émane, les relations d'amitié et de commerce qui contribueront au prestige et à la prospérité réciproque des deux puissances?

**Colonisation hollandaise.** — La colonisation hollandaise est, elle aussi, issue de besoins commerciaux. Mais à la différence du Portugal, la Hollande a pris pour méthode de colonisation une méthode commerciale. Ce n'est pas par la force et par l'autorité despotique de son administration qu'elle a cherché à s'imposer aux populations. Les résultats ont prouvé que ses procédés étaient supérieurs à ceux du Portugal.

Les colonies hollandaises ont joui, en effet, pendant deux siècles d'une prospérité inouïe, et celle-ci, pour amoindrie qu'elle est, n'en est pas moins encore infiniment enviable.

C'est au lendemain du jour où elle s'affranchit de la domination de l'Espagne, que la Hollande se préoccupa de créer un empire colonial. Antérieurement, en effet, elle avait été le grand caboteur en Europe des produits des Indes débarqués à Lisbonne. Après sa rupture avec l'Espagne, la Hollande se vit fermer l'accès de ce port. Philippe II, qui venait de réunir le Portugal à son immense empire, avait interdit aux marchands des Pays-Bas toute relation avec ses sujets. Les marchands des Pays-Bas décidèrent d'aller chercher eux-mêmes dans les Indes les produits qu'on leur refusait à Lisbonne. Quelques années après, en 1602, ils formèrent la Compagnie Hollandaise des Indes.

La prospérité, merveilleuse au début, de cette Compagnie est une réponse à ceux qui, au nom des principes, se prononcent systématiquement contre le régime des compagnies privilégiées.

Elle est la meilleure démonstration de l'utilité incontestable de ces grands organismes pour l'exploitation des pays neufs. Sa décadence permet aussi, d'ailleurs, de démontrer qu'il ne convient pas que ces grandes organisations, utiles dans des cas et pendant un temps déterminé aient une durée illimitée; au delà de certains délais, elles se déforment et ne s'adaptent plus à la tâche pour laquelle elles étaient créées. Les germes de faiblesse que portent en eux tous les grands organismes commerciaux qui tendent peu à peu à se transformer en administrations coûteuses où les responsabilités et le contrôle disparaissent à force d'être morcelés, les entraînent à une ruine d'autant plus grave qu'en raison de leur importance et de leur puissance elle a généralement sa répercussion sur le Gouvernement qui les soutenait.

Malgré ces réserves, il faut reconnaître que, sans l'institution de la Compagnie Hollandaise, la Hollande n'eût probablement pas conquis la place qu'elle occupe au rang des grandes puissances coloniales modernes.

En effet, au commencement du XVII<sup>e</sup> siècle, la liberté des mers n'existait pas; c'était violer la propriété des Portugais que de se transporter aux Indes occidentales, avec des navires et pour y faire des opérations commerciales. Un navire isolé ne pouvait donc espérer échapper aux carraques ou galions portugais qui gardaient les mers orientales. Pour que la lutte fût possible, il fallait avoir des soldats, des canons et une flotte considérable. Un particulier ne pouvait disposer de ces moyens puissants.

Une Compagnie forte comme la Compagnie Hollandaise des Indes Orientales pouvait seule entreprendre cette lutte.

Constituée en 1602, avec un capital social qui ne fut jamais augmenté, elle comprenait 2.153 actions de 3.000 florins de banque chacune. Ses 17 directeurs étaient nommés par les Etats Généraux. Sur tout le territoire qui lui était concédé, la Compagnie avait le droit de nouer des négociations politiques avec les princes indigènes, d'élever des forteresses, d'entretenir des troupes : elle ne faisait qu'une opération, le commerce; tous ses efforts, toute son action avaient pour but le développement de ses transactions commerciales. Son administration n'avait aucune préoccupation de domination et de gloire.

Tandis que les fonctionnaires du Portugal ne voyaient d'autres moyens que la violence, les négociants hollandais considéraient, au contraire, ce système comme le pire; on peut dire, quoique affirment parfois certaines personnes mal renseignées, qu'il en fut ainsi des négociants de tous les pays et en tout temps; c'est un fait d'expérience incontestable, qu'il est impossible de créer par la force des liens commerciaux entre deux individus ou deux peuples. On n'impose pas ses produits par la violence.

La prétention qu'eut la Compagnie des Indes de monopoliser le commerce des épices, fut pour elle la source de ses premières difficultés.

Les abus qui se produisirent dans son administration, par suite du népotisme et de l'intervention trop directe du Gouvernement hollandais dans la gestion des affaires sociales et notamment dans la nomination des directeurs et employés, entraînèrent ensuite des déficits considérables. La routine, la prévarication, la perte successive des divers monopoles qu'elle avait acquis en Extrême-Orient, provoquèrent, au bout de deux siècles, sa ruine définitive.

Malgré cet échec, la Compagnie avait procuré à la Hollande deux cents ans d'admirable prospérité et la perte de son capital et du passif qu'elle laissait après elle, n'est rien si l'on songe aux millions qu'elle procura à la Métropole.

L'échec de la Compagnie des Indes n'eut pas en tout cas, comme conséquence, la ruine de l'empire colonial hollandais. Le commerce libre y succéda au commerce privilégié; d'importantes sociétés firent les opérations commerciales qui, au début, avaient assuré la prospérité de la Compagnie des Indes. Peu à peu aussi, les Hollandais entreprirent la culture des produits tropicaux qui avaient toujours attiré d'une façon spéciale leur attention, et ils y réussirent d'une façon particulièrement brillante. Ils sont encore aujourd'hui les premiers planteurs du monde.

**Colonisation anglaise.** — L'Angleterre fut, parmi les Etats européens, l'un des derniers à entrer dans la voie coloniale. Est-ce parce qu'elle put ainsi profiter de l'expérience de ceux qui l'avaient précédée qu'elle y réussit mieux qu'aucune nation ?

Il est plus probable qu'il faut attribuer ses succès aux qualités intrinsèques de sa population, à son esprit de méthode et d'ordre, à sa ténacité inébranlable et à sa confiance en elle-même ; également aussi à la situation très favorable que lui donnait sa puissance maritime, à la sagesse d'un Gouvernement aux idées libérales, toujours peu enclin à s'ingérer dans les affaires privées et à restreindre les initiatives individuelles.

Ce n'est point le goût des conquêtes qui a poussé l'Angleterre à coloniser : ce ne fut point le besoin de trouver des débouchés commerciaux. Ce fut seulement, et on l'oublie souvent, une crise agricole.

Il se produisit en effet, sous le règne d'Elisabeth, une crise économique intense résultant de la transformation radicale du système d'agriculture existant jusqu'alors. Dans tout le royaume, l'élevage se substitua presque subitement à la culture du blé ; ce changement subit laissa sans travail une foule d'ouvriers agricoles. Ceux-ci émigrèrent pour trouver à occuper leurs bras et pour échapper à la misère.

Les premiers colons en Angleterre furent donc des agriculteurs, alors qu'en Hollande, ils avaient été des marchands et des marins et, en Espagne et au Portugal, des soldats et des fonctionnaires.

Tandis que les Espagnols et les Portugais cherchaient à coloniser des pays peuplés et riches, où ils s'enrichissaient des dépouilles de la population indigène, l'Angleterre, au contraire, chercha des pays peu peuplés. « Il ne faut coloniser, dit à cette époque le chancelier Bacon, que sur un sol vierge et non sur une terre qui ne peut devenir vacante que par l'extermination des indigènes. »

Les Anglais trouvèrent, pour satisfaire leurs goûts et répondre à leurs doctrines, un terrain aussi favorable que celui qu'avait rencontré l'Espagne pour remplir ses vues. L'Amérique du Nord, contrée inculte et presque vacante, se prêtait, en effet, admirablement à la mise en pratique du programme du grand chancelier anglais.

En Angleterre comme en Hollande, le Gouvernement ne prit aucune part à la fondation des colonies ; même après la fondation de celles-ci, l'ingérence administrative y fut presque nulle. C'est peut-être, faut-il le dire, la principale cause de leur prospérité.

Outre l'avantage de s'administrer elles-mêmes, les colonies anglaises eurent celui de jouir d'un bon régime d'appropriation des terres, d'un système de succession favorisant l'égalité des conditions et la transmission rapide des biens ; de plus, les impôts y furent toujours minimes.

Partout où le colon portait ses pénates, il trouvait des terres qu'il pouvait occuper moyennant une rente annuelle modique ou un prix assez bas une fois payé. Cette sage méthode donna de si bons résultats qu'elle n'a point été abandonnée par la colonisation anglaise contemporaine.

Au début, les colonies anglaises jouirent de la liberté commerciale. Mais vers le milieu de XVIIe siècle, ce régime fut modifié et d'étape en étape, on en arriva aux restrictions les plus despotiques du système mercantile.

« Le seul usage des colonies d'Amérique et des Indes Occidentales, dit Lord Scheffield, c'est le monopole de leur consommation et le transport de leurs produits »; c'est ce qu'Adam Smith a appelé « la politique des boutiquiers ».

Ce système a peut-être été avantageux pour la métropole, mais il a eu des effets déplorables pour les colonies elles-mêmes. En tout cas, il fut la cause pour l'Angleterre de la guerre d'Indépendance. La preuve qu'il n'était pas indispensable aux relations entre l'Angleterre et ses colonies, c'est qu'après le traité de 1783, les relations commerciales entre les deux pays, loin de cesser, se multiplièrent. Les liens crés par l'analogie des mœurs, la communauté des langues et des habitudes commerciales invétérées, étaient plus forts que ceux qu'avaient prétendu établir arbitrairement le pacte colonial.

**Colonisation française.** — Si la colonisation française n'a pas atteint des résultats comparables à ceux qui furent obtenus par l'Angleterre, elle n'en est pas moins digne d'être étudiée et l'on peut dire que son infériorité ne résulte pas tant des vices de l'organisation adoptée pour la réaliser, que des conditions mêmes dans lesquelles nous nous sommes trouvés du XVIe au XIXe siècles pour concurrencer la Grande-Bretagne.

La France, en effet, pour des raisons géographiques et peut-être aussi par tempérament, n'est pas une nation maritime comme l'Angleterre ou la Hollande. Les Français, d'autre part, n'ont point le goût de l'émigration et surtout s'accommodent peu de s'établir loin de la mère patrie sans esprit de retour. Enfin, les guerres européennes retinrent sur le continent les meilleurs éléments de la population française auxquels d'ailleurs elles laissèrent des profits; il n'était pas facile pour toutes ces causes de disposer des effectifs nécessaires aux entreprises coloniales.

La colonisation française de François Ier à Napoléon a manqué de bras. Ce n'est pas à dire que notre nation ne peut pas être colonisatrice. Nulle, au contraire, ne sait mieux s'approprier aux milieux indigènes et conquérir leur sympathie. Nulle n'est capable d'efforts plus héroïques dans le danger et de plus de bonne humeur dans les fonctions ordinaires souvent si déprimantes de la vie coloniale.

En France, après quelques essais individuels malheureux, c'est au système des Compagnies privilégiées que le Gouvernement recourut pour réaliser l'œuvre de colonisation dont Richelieu et Colbert furent les premiers et les plus fervents adeptes.

On a beaucoup critiqué et peut-être trop sévèrement les Compagnies françaises à monopoles des XVIIe et XVIIIe siècles. Ces institutions furent, il est vrai, multipliées à l'excès, mais il n'est pas bien certain qu'à leur défaut, l'initiative libre eût réalisé de grands efforts et obtenu des succès plus appréciables. C'est plus, semble-t-il, à la façon dont le régime a fonctionné qu'au régime lui-même qu'il faut s'en prendre de son échec. C'est une erreur dans laquelle on tombe volontiers de reprocher à un système des fautes qui ne proviennent que de son application; l'expérience nous montre chaque jour, que les principes les moins discutés peuvent donner des résultats déplorables quand ils sont mal appliqués.

Quoi qu'il en soit, les Compagnies privilégiées fondées au commencement du XVIIe siècle jusqu'à la fameuse Compagnie du Mississipi créée par Law échouèrent toutes; pas une n'échappa à la ruine.

Est-ce parce que des Compagnies privilégiées prédominèrent au Canada, que notre colonisation dans ce pays ne prit pas des racines assez profondes pour que notre domination y fût maintenue à la fin du XVIIIe siècle? Est-ce à cause de la place excessive qu'y occupèrent les ordres monastiques et surtout les Jésuites? — Nous ne saurions le dire. Un Français du Canada a écrit, il y a quelques années, pour expliquer les causes de notre insuccès en Amérique:

« On ne saurait trop redire à la France qui cherche aujourd'hui à répandre sa race, sa langue, ses institutions en Afrique, ce qui a ruiné son système colonial dans le nouveau monde où elle aurait dû prédominer. Le défaut d'association dans la mère patrie pour encourager une émigration agricole, l'absence de liberté et la passion des armes répandues parmi les colons, telles sont les principales causes qui ont fait languir le Canada. »

Aux Antilles, notre effort à été plus heureux; il est possible que notre succès de ce côté soit dû à une initiative plus libre des colons et à l'indépendance plus grande dont le Gouvernement les laissa jouir.

A la fin du XVIIIe siècle notamment, les Antilles françaises ont traversé une ère de prospérité exceptionnellement brillante, à laquelle la richesse d'un sol absolument vierge et les facilités de main-d'œuvre données par la traite des nègres ne furent certes pas étrangères. Cette situation devait subir de profonds changements au siècle suivant.

De cette rapide revue de la colonisation, telle qu'elle fut pratiquée jusqu'au seuil du XIXe siècle, on peut, semble-t-il, dégager un certain nombre de principes. Nous les résumerons très brièvement en disant que :

La meilleure colonisation est celle qui est faite par des colons et non par les Gouvernements eux-mêmes (exemples de l'Angleterre et de la Hollande).

La force, l'occupation militaire peuvent se justifier pour la prise de possession d'un pays ; elles doivent être employées pendant le plus court temps possible (exemples de l'Espagne et du Portugal).

Le système commercial qui consiste à faire pénétrer chez les autochtones le goût des échanges et qui établit entre eux et les colons une réciprocité de services, doit être préféré au système de l'Espagne et du Portugal qui n'est que le despotisme du vainqueur pressurant l'indigène sans lui donner d'autre compensation qu'une administration onéreuse et souvent inutile.

Les grandes Compagnies privilégiées sont indispensables pour assurer l'exploitation et la mise en valeur des pays neufs. Leur durée doit être cependant limitée, car leur organisation contient des germes de ruine qui les emportent fatalement (Compagnie Hollandaise des Indes, Compagnie Anglaise).

Les colonies de peuplement offrent des conditions de stabilité et rendent à la métropole des services qu'on ne peut attendre des colonies d'exploitation. Elles semblent cependant destinées à se séparer de leur mère patrie, ce qui d'ailleurs n'est peut-être regrettable ni au point de vue de celle-ci, ni au point de vue humain.

L'ingérence de l'administration dans les colonies doit être aussi limitée que possible. Le système fiscal doit y être extrêmement modéré (Colonisation anglaise d'Amérique).

Le régime commercial doit être sinon dès le début, du moins très rapidement celui de la liberté.

La colonisation nécessite une organisation méthodique de la propriété et du régime des terres.

---

## DEUXIÈME PARTIE

### ÉTUDE DES MÉTHODES DE COLONISATION CONTEMPORAINES EMPLOYÉES NOTAMMENT PAR LA FRANCE ET DES PROCÉDÉS DIVERS QUI PEUVENT ÊTRE APPLIQUÉS DANS LES COLONIES FRANÇAISES.

Au XIXe siècle des modifications profondes se sont produites dans les procédés de colonisation usités jusqu'alors. C'est à l'Angleterre qu'on doit ces modifications.

C'est elle qui porta la première la main sur la traite d'abord, sur l'esclavage ensuite.

C'est elle qui détruisit peu à peu le vieil édifice du pacte colonial. C'est aussi elle qui introduisit dans la fondation des colonies un élément inconnu de prospérité, la vente des terres incultes à des prix relativement élevés.

Toutes ces transformations ne se produisirent pas sans crises. Elles coûtèrent cher notamment aux colonies agricoles des Antilles; elles sont tout à l'honneur des Etats contemporains.

Le XIXe siècle a marqué pour l'Angleterre et pour la France une ère d'activité coloniale extrêmement brillante.

Dans les colonies anglaises, la campagne contre la traite et l'esclavage, commencée dès le début du siècle en Angleterre et menée avec une ardeur fort généreuse par Wilberforce et les abolitionnistes, aboutit assez rapidement. En 1812, la traite était abolie. En 1833, l'esclavage lui-même succombait.

Une pareille perturbation dans les conditions du travail ne pouvait se produire sans entraîner dans ces colonies de grandes ruines. Grâce à l'énergie et à la ténacité de la race anglaise, le désastre ne fut pas complet. Bien des plantations furent abandonnées, mais beaucoup d'entre elles furent reprises par des noirs. Une partie des propriétaires blancs cherchèrent à pallier le dommage qui résultait pour eux de la disparition d'une partie de leur main-d'œuvre par l'introduction d'un outillage perfectionné. On essaya de remplacer les esclaves par des Indiens, des Chinois ou des Africains engagés librement. Toutes les tentatives d'immigration furent d'ailleurs piteuses. Mais peu à peu, la crise s'atténua et les colonies du golfe du Mexique retrouvèrent sinon leur ancienne splendeur, du moins le moyen de vivre honorablement.

Pendant ce temps, de nouvelles colonies anglaises se fondaient, qui venaient remplacer les anciennes dans la faveur de la métropole et dont la prospérité permettait d'oublier les pertes éprouvées du côté des Indes Occidentales.

En 1806, l'Angleterre s'installait au Cap dont elle devenait maîtresse en 1815. Elle y portait ses qualités habituelles, l'amour de l'ordre et du progrès, le goût des libertés locales. Fidèle à ses principes de peuplement, elle s'efforçait aussitôt d'y provoquer l'immigration européenne. Ses efforts réussirent mal et l'immigration n'atteignit pas 2.000 immigrants par an, durant de nombreuses années. Ces échecs de début tinrent peut-être à l'hostilité de la population hollandaise que l'Angleterre avait expropriée, peut-être aussi au régime des terres défectueux adopté par les législateurs britanniques. Quoi qu'il en soit, la colonie jouit d'une médiocre prospérité jusqu'au moment de la découverte des mines de diamant de Kimberley et des mines d'or du Transvaal.

D'un autre côté de l'Afrique, à l'ouest, l'Angleterre étendait les petits territoires qu'elle possédait, en Gambie, à Sierra Leone, à la Côte d'Or, au Lagos. Assez récemment, elle s'est fait adjuger le Sokoto et le Bornou; plus tard encore, en 1898, une partie de la boucle du Niger. Dans ces régions, les Anglais se sont bornés jusqu'à ce jour à faire du commerce; ils ne s'en tiendront pas là. La campagne entreprise par les cotonniers anglais de Manchester permet de s'attendre à ce que les riches territoires de l'ouest africain soient prochainement mis en valeur d'une façon plus active et à ce que l'Angleterre s'efforce de s'y assurer par la culture du coton, la matière première pour laquelle ses filateurs sont à l'heure actuelle encore tributaires de l'Amérique.

Dans l'Afrique Orientale, l'Angleterre s'est adjugé d'autres vastes territoires : c'est d'abord l'île de Zanzibar, puis le protectorat de l'est de l'Afrique, celui de l'Ouganda, celui de l'Afrique Centrale et celui de la Côte des Somalis. L'application des procédés de la colonisation britannique assurera peut-être à ces régions un épanouissement prochain. Il semble cependant que ce lot soit loin d'être le plus avantageux parmi les conquêtes anglaises.

Mais ce qui occupe le premier plan dans l'histoire coloniale de la Grande-Bretagne au XIXe siècle, c'est la constitution et le développement de ses colonies d'Australie.

Cependant aucune terre ne paraissait moins destinée que ces territoires à un essor rapide.

On ne peut pas dire, en effet, que ce soit au hasard ni aux faveurs de la nature qu'il faut rapporter le développement admirable des colonies de l'Australie. Il faut donc l'attribuer à la politique de l'Angleterre et aux procédés employés par elle. Ces procédés ont consisté dans l'utilisation du travail des condamnés qui furent transportés en grand nombre en Australie, mais qu'on sut employer d'une façon vraiment intelligente et productive, dans un excellent régime d'appropriation des terres, dans une adaptation clairvoyante du sol aux travaux qui lui convenaient le mieux. Nous voulons parler de la production de la laine qui fut et est resté, pour l'Australie, une des sources de revenus les plus abondantes.

Le succès de cette tentative de colonisation pénale est un peu fait pour dérouter ceux qui, après les expériences tentées dans les colonies françaises, sont hostiles à ce système. Il faut reconnaître cependant que la déportation et l'assignement des convicts ont fait la prospérité de l'Australie et que si le gouvernement anglais n'avait pas recouru à ce moyen, ses colonies australiennes seraient encore, à l'heure actuelle, dans le même état sauvage que la Nouvelle-Guinée.

Certes, les procédés auxquels les Anglais ont recouru pour réglementer l'emploi des convicts ont dû contribuer à rendre cet emploi plus avantageux qu'il ne le fut dans nos colonies françaises. On peut penser cependant que l'Australie n'aurait pas l'admirable développement qu'elle a atteint aujourd'hui si elle n'avait pas eu la bonne fortune de posséder dans ses entrailles des mines d'or qui, pendant un demi-siècle, ont attiré des colons de toutes sortes et augmenté la richesse du pays dans des proportions extraordinaires.

Grâce à ces richesses, l'Australie peut se développer encore dans l'avenir, si des difficultés politiques graves, conséquences des luttes de partis et des ambitions de certains de ceux-ci, ne viennent pas compromettre l'édifice si rapidement construit.

Une dernière colonie anglaise mérite qu'on signale les progrès de son organisation au XIXe siècle et de sa prospérité économique, c'est l'Inde britannique.

Jusqu'en 1830, l'Inde était plutôt le domaine de la Compagnie des Indes que celui du roi d'Angleterre. En 1833, la Compagnie transféra ses privilèges commerciaux et ses propriétés territoriales à la Couronne ; elle continua cependant en réalité à participer au gouvernement jusqu'au jour où la révolte des cipayes et les inquiétudes qu'elle donna à l'Angleterre, amenèrent le gouvernement à la supprimer radicalement.

Cette suppression fut suivie d'une réorganisation administrative complète.

Aujourd'hui l'opinion politique et le Parlement ont mis la main sur les affaires de l'Inde et ils en discutent tous les détails.

L'Administration de l'Inde, à en juger par les résultats actuels et par les études récentes qui lui ont été consacrées, répond absolument aux nécessités d'un pays dont la population jouit d'une civilisation propre dont on ne peut la dépouiller. Elle respecte religieusement cette civilisation et réduit l'intervention métropolitaine dans la plus large mesure. Il serait intéressant d'examiner plus longuement ici les rouages de cette administration. La place nous manque pour le faire ; nous nous contenterons de renvoyer aux conférences et articles fort documentés de M. J. Chailley sur cette question.

Tandis que l'Angleterre transformait les parcelles de territoires ou d'influence qu'elle s'était acquises en divers endroits au cours du XVIIIe siècle, en domaines considérables et en protectorats puissants, auxquels elle assurait par des méthodes excellentes, une prospérité tantôt très honorable, tantôt très brillante, la France, de son côté, s'attachait à la reconstitution de son empire colonial et cherchait de nouveau à surpasser son éternelle rivale.

Sa première tentative fut provoquée par le hasard. Elle aboutit à la conquête de l'Algérie.

Cette entreprise fut lente et pénible, si on l'envisage, non pas au point de vue militaire, mais au seul point de vue de la colonisation.

La lenteur du progrès de la colonisation en Algérie tient à diverses causes.

Il est certain qu'au début, le gouvernement n'eut pas la conception très nette de ce qu'il devait faire dans ce pays et qu'il en résulta de longs et stériles tâtonnements. Au lieu de favoriser, par exemple, l'immigration, comme l'avait fait le gouvernement anglais en Australie, l'administration française se montra très indifférente à l'égard de celle-ci.

Si les immigrants étaient étrangers, son indifférence se transformait même en hostilité.

L'existence d'une population ayant une civilisation très différente de celle des colons français, ne facilita pas d'autre part la tâche du gouvernement. La propriété indivise des Arabes empêcha notamment l'application d'un régime des terres propre à faciliter la colonisation. Le domaine public étant démuni de terres par suite de cette indivision de la propriété arabe fut très rapidement trop pauvre pour subvenir aux besoins des colons, et l'émigration se trouva de ce fait entravée.

L'administration fut aussi longtemps flottante entre l'élément civil et l'élément militaire ; elle ne sut point enfin choisir le régime le plus favorable à adopter entre l'assimilation et l'autonomie ; et les réglementations successives qu'elle élabora à cet égard furent incertaines et contradictoires.

Après de longs tâtonnements, cependant, on est arrivé en Algérie à une organisation rationnelle qui assure à cette colonie l'indépendance administrative qui lui est nécessaire. De grands travaux ont été réalisés ; la vente des terres, et des essais nouveaux d'émigration ont été repris.

On peut considérer maintenant la colonisation algérienne comme en excellente voie.

A côté de l'Algérie, et grâce sans doute à l'expérience qu'elle y avait acquise, la France a créé une autre colonie qui peut être considérée comme le type le plus parfait de ce que l'on appelle la colonie mixte, c'est-à-dire celle qui est à la fois propre au peuplement et à l'exploitation.

La France n'a pas rencontré, il est vrai, en Tunisie, les difficultés connues en Algérie.

Nous n'avons pas eu à souffrir de l'absence de terres : les habous ou biens de mainmorte tunisiens ont offert aux agriculteurs un champ d'exploitation fort vaste, et l'immigration, grâce au voisinage de l'Italie, a été de suite importante.

Mais l'organisation fort sage de l'administration contribua surtout à assurer le succès rapide de notre colonisation dans ce pays. Cette administration sut ménager les intérêts, les sentiments et même les susceptibilités de l'élément indigène et réaliser les réformes et améliorations nécessaires sans froisser la population ; les résultats acquis constituent la meilleure démonstration qui pouvait être apportée de la supériorité de l'administration indirecte sur l'administration directe.

Notre empire africain s'est formé et agrandi au XIX^e siècle, non seulement par la conquête de l'Algérie et de la Tunisie, mais encore par la conquête et l'occupation définitive du Soudan, de la Guinée, de la Côte d'Ivoire. du Dahomey, du Gabon, du Congo, de la Côte Française des Somalis, de Madagascar.

Ces colonies pour la plupart débutèrent par des établissements commerciaux sur le bord de l'Atlantique ou de l'océan Indien. Peu à peu leurs hinterlands furent reliés entre eux. Ils forment aujourd'hui, sauf pour les deux dernières colonies, une des masses territoriales les plus compactes qui existent dans le monde.

Conquis et occupés tout d'abord par des expéditions militaires, ils possèdent aujourd'hui des administrations civiles, dont le rôle est encore, il est vrai, fort restreint. L'œuvre de colonisation n'y fait que commencer. Elle semble devoir cependant être exécutée en tenant compte de l'expérience déjà acquise, quoique avec un peu de lenteur.

Ces colonies n'étant pas des colonies de peuplement et les opérations des Européens étant encore limitées au commerce, la lenteur de l'action administrative provoque peu de protestations. Qu'arriverait-il cependant si la culture succédait ou s'ajoutait au commerce? Comment les colons se procureraient-ils la main-d'œuvre, assureraient-ils le transport de leurs produits, etc., dans l'état actuel des choses ?

Disons cependant que, depuis deux ans, un Gouverneur général infatigable a entrepris de donner en Afrique Occidentale, à l'activité administrative, un essor plus grand. Nul doute que cette initiative et les nombreux travaux publics qu'elle patronne ne procurent une expansion rapide à notre admirable empire de l'Ouest africain.

A Madagascar, l'intelligence tenace et clairvoyante du général Gallieni, son expérience consommée des choses coloniales, ont fait succéder à une période de troubles inquiétante, la sécurité d'abord, l'activité commerciale ensuite. Depuis peu, on s'attend aussi à des résultats miniers qui ne manqueront pas de provoquer dans cette colonie une émigration qui contribuera largement à sa prospérité.

La tâche administrative accomplie à Madagascar mérite d'être considérée comme un des modèles que la France peut montrer avec fierté à ses élèves ; si le succès de la colonisation dans la grande île ne couronnait pas les efforts qui y ont été faits, il serait bien difficile de reprocher à l'administration l'échec subi.

Il nous reste à parler de nos colonies indo-chinoises.

Leurs débuts ne laissaient pas entrevoir ce qu'elles devaient devenir. La colonisation y fut à l'état stagnant pendant de longues années. Ce fut pour partie la faute des Gouverneurs et de leur administration ; pour une autre part, celle des colons.

Depuis quinze ans, cette situation a changé.

Grâce à l'activité de Gouverneurs tels que Paul Bert, de Lanessan, Paul Doumer, Paul Beau, ces colonies sont devenues bien vivantes.

D'importants travaux y ont été entrepris et, grâce à une population laborieuse et industrieuse, les budgets se sont soldés avec de brillants excédents.

Les méthodes pratiquées ont été respectueuses des indigènes, de leur religion et de leurs traditions. Cependant elles affirment une tendance à augmenter un peu rapidement les taxes établies ; on ne saurait trop se mettre en garde contre cette tendance qui peut avoir de redoutables conséquences.

Nous ne parlerons pas, faute de place, de nos possessions océaniennes. Que sont-elles, d'ailleurs, à côté des acquisitions immenses réalisées par la France au XIX<sup>e</sup> siècle ?

Il est permis de dire, quand on en considère l'importance, que leur réalisation restera une des plus belles pages de notre histoire.

A la lumière des enseignements que l'on peut tirer des expériences faites jusqu'à ce jour par les peuples civilisés, il est possible de préciser les principes qui semblent devoir désormais guider la colonisation et les procédés qu'il est nécessaire d'employer pour mener à bien les entreprises coloniales.

Ces principes et ces procédés peuvent être classés en deux catégories : ceux d'ordre politique, ceux d'ordre économique. Nous ne les examinerons d'ailleurs qu'au point de vue colonial, en laissant complètement de côté ce que nous appellerons le point de vue métropolitain, c'est-à-dire tout ce qui concerne les procédés à employer pour encourager et développer l'émigration, la propagande, l'enseignement colonial, les missions, etc.

**Méthodes politiques et administratives.** — L'histoire coloniale nous a indiqué qu'autrefois, existaient deux systèmes très différents, le despotisme des conquérants et le laisser-faire. Ce dernier système a eu pour lui le succès. Il n'en résulte pas évidemment qu'il soit le régime idéal.

Au XIXe siècle, d'ailleurs, les nations qui avaient pratiqué jadis la politique du laisser-faire ont elles-mêmes modifié leur méthode dans un sens quelque peu restrictif.

Elles ont reconnu le besoin d'une direction politique et d'une administration établie et dirigée par la métropole à côté de l'administration indigène ou à côté des rouages créés par les grandes compagnies d'exploitation. L'affermage des services publics, le régime des sociétés à chartes paraît avoir fait son temps. Cependant les Gouvernements partisans du laisser-faire ont essayé de profiter dans la plus large mesure possible de ce qu'il avait d'avantageux, notamment en se servant de ce qui avait été organisé avant eux, soit par les indigènes autochtones, soit par les premiers colons européens.

Dans les pays orientaux où existait une administration qui, pour différente de la nôtre, n'en était pas moins ingénieuse et pratique, on a conservé presque toute l'organisation ancienne en se contentant de corriger les abus et de supprimer ce qui ne pouvait pas coexister avec l'introduction de services métropolitains.

En Afrique et en Amérique on s'est, en général, beaucoup moins préoccupé de créer une administration indigène en tenant compte des mœurs locales.

La France surtout, il faut le reconnaître et le regretter, a respecté l'autonomie locale beaucoup moins que l'Angleterre et la Hollande.

Les difficultés qu'elle a rencontrées lorsqu'elle a voulu faire une administration européenne directe, exclusive de l'administration indigène, et au contraire les succès qui l'ont accueillie lorsqu'elle est entrée dans une voie différente lui ont indiqué aujourd'hui de quel côté était la vérité.

Les résultats obtenus en Algérie et aux Antilles d'une part, en Tunisie de l'autre, doivent constituer pour nous, pour l'avenir, un enseignement à méditer.

Il semble, d'ailleurs, que nous voulions tenir compte de cet enseignement. L'orientation de la politique coloniale depuis quelques années ne semble pas tendre à l'assujettissement des colonies et à la destruction de toutes les organisations indigènes en faveur du fonctionnarisme métropolitain.

Il serait intéressant d'étudier de près la sphère d'action qui doit être réservée aux deux administrations indigène et métropolitaine dans chaque colonie. La place nous manque pour le faire. Nous nous contenterons d'indiquer qu'il semble résulter de l'expérience, qu'il y a tout avantage à laisser aux indigènes leur administration municipale, et qu'au contraire tout ce qui est d'intérêt général, le contrôle, la direction des travaux publics, les services d'hygiène et de salubrité doivent être du ressort de la métropole ou de l'administration européenne.

Ce premier principe de la dualité des administrations étant posé, il convient d'examiner en premier lieu si l'administration doit être civile ou militaire, en deuxième lieu, quels services publics sont nécessaires à la colonisation?

L'expérience semble avoir démontré qu'au début, il est avantageux que l'administration coloniale soit militaire. Elle l'a été en général, le plus souvent, d'ailleurs, pour des raisons d'économie.

Quand un Gouvernement, en effet, était obligé d'entretenir des troupes dans le pays qu'il s'efforçait de soumettre à son influence et qui ne pouvait pas payer même ses dépenses d'occupation, il ne se souciait pas de placer des fonctionnaires civils à côté de ses officiers pour faire une administration qui forcément était très rudimentaire et se bornait à assurer la perception des impôts.

Ce sont les officiers qui se sont chargés de la tâche administrative comme chefs de cercles ou de districts. Leur rôle de percepteur était avantageusement facilité par leur prestige et les moyens de persuasion particuliers dont ils disposaient.

Mais on ne s'est pas toujours borné à faire des officiers des percepteurs : on en a fait aussi parfois des Administrateurs dans toute l'acception du mot.

Ils ont été chargés de la police et du recrutement de la main-d'œuvre, de l'instruction agricole et commerciale des populations, de l'exercice de la justice : ils se sont le plus souvent, dans nos colonies françaises, fort bien acquittés de ces fonctions. L'exemple de l'Indo-Chine, du Soudan et de Madagascar est à citer sans réserves. Il faut rappeler au contraire que la perception fiscale assurée par des Administrateurs civils dans certains cas (au Congo français, par exemple) a donné lieu à de déplorables abus et entraîné de douloureux massacres.

Il ne paraît pas cependant que le maintien de l'Administration militaire pendant de longues années puisse être préconisé, tout au moins dans nos colonies françaises.

Les principes inflexibles de la règle militaire ne sauraient s'appliquer en matière administrative.

Il faut de la souplesse et de la diplomatie pour manier une race à laquelle on désire s'imposer, non par la crainte, mais par les bons traitements et la sympathie.

Quels sont maintenant les premiers services qu'il faut créer sur les territoires que l'on entend coloniser? Quels sont ceux qui sont indispensables dès le début?

Tout d'abord, semble-t-il, un service financier pour couvrir dans une certaine mesure les dépenses d'occupation. Jamais les Gouvernements n'ont manqué à cette tâche. On peut même estimer qu'ils ont toujours eu tendance à aller trop vite et trop loin à cet égard. Les perceptions fiscales, en effet, dans un pays neuf, doivent être infiniment minimes. Là, plus encore que dans la métropole, il faut éviter de faire fuir la matière imposable.

De plus, il faut que l'indigène se rende exactement compte du service qu'on lui rend avec la taxe qu'il a payée. Si sa contribution sert à l'exécution d'une dépense dont il ne sentira jamais le profit d'une façon tangible, il sera mécontent, et son mécontentement risquera de se manifester par un refus de payer de nouveaux impôts ou par l'insurrection. Il faut que celui qui paye puisse se dire en payant : « Je fais une bonne affaire parce que l'Administrateur m'a donné en échange une valeur supérieure à la taxe qu'il m'avait imposée. » C'est là un principe qui paraît bien simple et qui cependant n'est pas encore très admis dans les colonies françaises.

Pour que l'impôt soit facilement accepté, il faut même, dans certains cas, qu'il puisse être pour les indigènes l'occasion d'un bénéfice direct et palpable. C'est ainsi que très sagement, dans l'Etat indépendant du Congo, la perception est faite de telle sorte que tout indigène qui apporte son caoutchouc en paiement de l'impôt, reçoit en échange une petite somme d'argent; cette somme est sans doute inférieure à la valeur habituelle du caoutchouc, mais elle constitue pour lui un profit supplémentaire, car, sans l'obligation de payer l'impôt, il se serait abstenu de produire le caoutchouc qu'on lui a payé. Le système aboutit donc à un résultat doublement heureux. Il assure un bénéfice matériel à l'indigène et il lui procure ainsi qu'à l'Etat le profit moral incontestable que représente, pour l'être primitif, une augmentation de l'effort consacré au travail.

Il faut ensuite, dès la fondation d'une colonie, qu'il y soit organisé un service de la justice, pour assurer aux indigènes la protection de leurs intérêts matériels et la défense du faible contre le fort.

La possibilité de se faire juger équitablement est un des avantages que les indigènes apprécient le plus, et qui peut le mieux leur faire comprendre l'utilité qu'ils tirent de l'occupation européenne et des impôts.

Quand il a su assurer les deux services ci-dessus, le Gouvernement en France a estimé souvent qu'il pouvait s'arrêter et limiter les sacrifices de la métropole jusqu'au jour où la colonie serait assez riche pour entreprendre à ses frais la création des services qui lui sont encore nécessaires. C'est, nous semble-t-il, agir avec une prudence excessive et mal raisonnée. Car, moyennant un surcroît de dépenses très temporaire, le Gouvernement assurerait souvent plus rapidement l'affranchissement financier de ses colonies. Il gagnerait donc à immobiliser durant quelque temps un certain capital dont il retrouverait rapidement l'usage grâce à l'emploi avantageux qui en aurait été fait.

Il est certainement un service qui offre le même caractère de nécessité dans une colonie neuve que celui des finances ou celui de la justice, c'est celui dont dépend la vie économique de cette colonie : le service des travaux publics. Le Gouvernement est effrayé par les chiffres qu'il aligne et les additions dont il menace le budget, mais on ne songe pas assez aux économies qu'il peut procurer d'autre part. On se rirait d'un industriel qui, voulant créer une filature, se contenterait de quenouilles, sous prétexte que les broches coûtent trop cher. Absolument comparable est la situation d'un Etat qui veut avoir des colonies sans y faire les dépenses de premier établissement absolument nécessaires.

Sans doute, la construction d'un chemin de fer est chose extrêmement coûteuse, mais si ce chemin de fer économise une armée et décuple le commerce de la colonie, il est permis de songer que sa construction est une chose avantageuse. Citons un exemple : le chemin de fer transsaharien pour relier Oran à Tombouctou aura, du point terminus de la ligne actuelle d'Oran à Colomb-Béchar, environ 2.000 kilomètres qui coûteront de 100 à 130 millions à construire.

C'est, sans nul doute, une dépense élevée. Mais, d'autre part, on prévoit qu'il représentera une économie annuelle d'environ 4 millions sur l'entretien des effectifs du Soudan et de la région du Tchad, sur leur transport et celui du matériel à eux destiné. Ce chiffre est plus que l'annuité à 3 0/0 qu'il faudra peut-être servir au capital nécessaire à la ligne Oran-Tombouctou. Vraiment, ne serait-ce pas une bonne opération pour l'Etat que de faire construire cette ligne d'où dépend la sécurité et l'unité de notre empire africain? N'est-il pas certain que la réalisation de cette voie nouvelle aurait comme résultat immédiat un développement considérable des transactions commerciales dans tout le Soudan et jusque dans la région du Tchad aujourd'hui inaccessible?

On a vu les Anglais et les Russes se faire précéder par le rail, les uns en Egypte, les autres au Turkestan. Ils y ont gagné d'avancer rapidement, de pacifier immédiatement le pays et d'avoir maintenant des lignes ferrées qui, non seulement leur rendent d'incomparables services, mais qui encore font des recettes et sont pour la colonie une source de revenus.

Au premier rang des travaux publics, si l'on ne tient compte que des résultats, figurent les chemins de fer. Ce ne sont pas cependant les travaux les plus urgents. Il faut considérer comme plus pressants, dans bien des cas, les travaux d'assainissement des villes qui peuvent seuls permettre aux Européens de vivre sans danger dans des pays malsains, où la chaleur les épuise et les maladies les déciment.

Avant les chemins de fer, parce qu'ils sont moins coûteux, peuvent passer encore les travaux télégraphiques. Avant aussi, et pour la même raison, les travaux pour la navigation et les routes.

La plupart des colonies disposent de voies naturelles maritimes ou fluviales; souvent on peut à peu de frais, en aménageant une rivière, créer une voie navigable de plusieurs centaines de kilomètres. On a fait ainsi une opération excellente, si on songe à la dépense qu'aurait coûté une voie ferrée, ou simplement une route pour obtenir un résultat presque identique.

Après avoir ajouté à son programme un chapitre pour les travaux publics, le Gouvernement qui colonise peut s'arrêter. Sa tâche n'est cependant pas terminée. Il est un devoir qu'il doit remplir sans tarder. C'est celui d'éducateur des indigènes.

Cela signifie-t-il qu'il doit ouvrir des écoles sur tous les points de la colonie? Chercher ce résultat serait aussi fou qu'inutile.

L'éducation des indigènes, du moins des plus barbares, se fait mal à l'école. Elle a besoin de procédés plus primitifs.

Il y a une éducation des yeux, de l'oreille qui doit être entreprise auparavant. Ensuite, l'enseignement ne doit pas être primaire, mais professionnel. Il doit être donné l'outil, non le livre en mains.

Une fois qu'il a jeté quelques germes d'instruction susceptibles de se développer dans le cerveau de l'indigène, le Gouvernement a touché aux principaux procédés de colonisation mis à sa disposition. Quelques questions d'un intérêt primordial doivent cependant encore le préoccuper. Telles sont, par exemple, les questions d'hygiène et de salubrité, celles de main-d'œuvre, le recensement des richesses de la colonie, la détermination du pays au point de vue cartographique, géologique, cadastral, l'organisation du régime foncier, etc., etc.

La place nous manque pour nous arrêter à l'étude de chacune de ces questions aussi importantes que complexes.

**Méthodes d'ordre économique.** — Nous venons d'examiner, d'un coup d'œil, trop rapide d'ailleurs, les principes dont il semble que les Gouvernements doivent s'inspirer pour l'organisation générale de leurs colonies, ce qui pourrait être appelé le Chapitre politique et administratif de la colonisation.

Il reste le Chapitre économique ; c'est le plus important.

Quelles sont les règles qui doivent guider les individus désireux de coloniser? Quelles méthodes doivent-ils suivre pour arriver au succès ?

C'est là un champ bien vaste à parcourir : le défaut de place nous obligera de traverser en hâte.

Les questions qui se posent à ce sujet sont en effet infiniment nombreuses. Elles diffèrent selon qu'il s'agit de colonie de peuplement ou de colonie d'exploitation et qu'on se préoccupe de colonisation agricole, minière ou commerciale.

Elles varient également suivant le degré de civilisation du pays colonisé, suivant les populations qui l'habitent, suivant son climat et suivant son étendue.

Nous ne pourrons nous arrêter qu'aux questions saillantes.

Tout d'abord, il faut reconnaître que dans les pays primitifs et de grande étendue dans lesquels existe une population peu dense et complètement dépourvue d'organisation administrative, la grande colonisation seule est possible.

De grandes Compagnies peuvent seules organiser les services importants dont la création est la conséquence immédiate de la présence d'Européens dans ces pays : Sécurité, transports, hygiène, études diverses.

Imagine-t-on la situation d'un petit colon qui partirait avec une pacotille de 2 ou 3.000 francs pour aller s'installer dans l'Oubanghi ou au Tchad et y faire du commerce?

Se le représente-t-on, obligé d'assurer seul à Matadi, à Brazzaville, à Banghi le transit de ses marchandises et de ses produits, puis transportant ses articles de troc à travers le pays où il veut commercer et se protégeant seul contre l'hostilité d'indigènes anthropophages ?

Le voit-on, fatigué, malade, obligé au bout de deux ou trois ans, de rentrer dans la métropole pour remettre sa santé délabrée, et laissant à un indigène noir la garde et la direction de son entreprise ?

Une Compagnie riche et puissante peut seule triompher de toutes ces difficultés.

Seule elle peut suppléer à l'absence de tout outillage économique et être à la fois transporteur à défaut de Compagnies de Navigation, de Chemins de Fer, de Messageries terrestres ou fluviales, et entrepositaire et transitaire en l'absence de tout service de ce genre;

seule elle peut assurer la sécurité de ses agents et de ses marchandises en organisant des transports par grandes caravanes, en groupant plusieurs blancs dans des postes faciles à défendre, et en payant au besoin des corps de milice destinés à les protéger.

Seule, elle peut aussi assurer la continuité dans la direction et la surveillance, grâce à un grand nombre d'agents qui se relayent à tour de rôle dans ses comptoirs. Seule aussi, elle peut enfin atténuer les conséquences désastreuses des accidents imprévus qui si fréquemment ruinent irrémédiablement le petit colon.

Dans les pays de petite colonisation, comme les Antilles, la Réunion, la Nouvelle-Calédonie, on assiste chaque jour à des catastrophes de ce genre qui anéantissent en quelques instants le résultat de longues années d'efforts et de sacrifices. Ici, c'est une épidémie, là c'est un cyclone, autre part, la sécheresse, ailleurs les inondations. Une grande Société résiste à ces calamités. Son champ d'action étant plus vaste, elle trouve sur un point le moyen de réparer les pertes éprouvées sur un autre ; ses ressources étant aussi plus grandes, elle peut attendre plus aisément les jours heureux qui feront suite aux jours d'épreuves.

Enfin, dans les pays tout à fait neufs où les besoins de consommation sont très limités, l'établissement d'une grande Compagnie jouissant en droit ou en fait d'une situation privilégiée qui la met, en partie ou totalement, à l'abri de la concurrence européenne, est un correctif nécessaire pour rétablir l'équilibre entre l'offre et la demande.

Nous sommes habitués en Europe à considérer le régime de la concurrence comme le meilleur et le libre jeu de la loi de l'offre et de la demande comme indispensable. Nous avons raison, parce qu'en Europe l'offre et la demande se font dans des conditions normales et que, d'une façon générale, on peut considérer qu'elles se balancent équitablement, de telle sorte que les prix s'établissent logiquement à un cours qui laisse un bénéfice raisonnable au vendeur et qui en même temps n'est pas désavantageux pour l'acheteur. Et cependant combien de combinaisons s'élaborent depuis vingt ans pour corriger ce libre jeu de l'offre et de la demande, dès que les conditions normales paraissent rompues par un phénomène économique quelconque, notamment par la surproduction?

Dans les pays neufs qui sont ouverts aux colons, la situation est toute différente. L'offre est pressante, la demande est à peu près nulle. L'indigène n'a pas de besoins. Il faut des efforts énormes pour les lui créer et en faire un consommateur. Et que consomme-t-il? Un peu d'alcool, des tissus, de la poudre, de la quincaillerie, des perles, tous objets de peu de valeur. Le commerçant au contraire est obligé de vendre à tout prix; il faut qu'il diminue ses frais généraux qui sont énormes et qu'il fasse coûte que coûte beaucoup de transactions. Dans ces conditions, il se trouve dans un état d'infériorité vis-à-vis de son acheteur. S'il doit être de plus en concurrence avec d'autres commerçants européens pressés comme lui de vendre et d'écouler leurs marchandises, sa situation devient déplorable. L'indigène en profitera pour lui arracher ses articles à vil prix; c'est ainsi qu'on est surpris des taux souvent très bas auxquels on peut se procurer les marchandises d'Europe dans certaines régions africaines, par exemple sur toute la Côte de l'Afrique Occidentale. L'existence de grandes Compagnies privilégiées ou de Sociétés auxquelles leur ancienneté, leur réputation, leur richesse créent en définitive un monopole de fait, atténue les inconvénients de cette disproportion entre les besoins de l'acheteur et ceux du vendeur et corrige heureusement le fonctionnement défectueux de l'offre et de la demande.

Cela veut-il dire que la grande colonisation est la seule formule qui puisse être appliquée aux colonies? Telle n'est pas notre pensée. Elle est, à notre avis, la première formule, mais non la formule unique et définitive.

En effet, toute grande Compagnie porte en elle des germes de corruption et de désorganisation qui résultent de son importance même. Elle est destinée au bout de trente, quarante, cinquante ans, à devenir un nid d'abus et un asile de la routine. Le morcellement des responsabilités, la difficulté du contrôle, entraînent peu à peu des inconvénients qui dégénèrent vite en véritables vices. Cela est vrai en Europe, cela l'est plus encore dans des entreprises dont la direction n'est assurée qu'à distance et où le contrôle est extrêmement malaisé.

A notre avis la grande colonisation ne doit être qu'une étape. Le jour où les besoins des indigènes s'étant développés, les conditions de l'offre et de la demande sont devenues comparables à ce qu'elles sont en France, le jour où la sécurité, la salubrité, les facilités de transport permettent au petit colon de vivre aux colonies et d'y circuler, les grandes Compagnies ne rendent plus les mêmes services et perdent une partie des avantages que nous avons signalés plus haut.

Il conviendrait, nous semble-t-il, qu'à ce moment-là elles restreignent leur champ d'action : le contrôle y deviendrait ainsi plus facile et elles se mettraient mieux à l'abri des dangers de ruine qui les guettent. Elles conserveraient aussi, pour la colonie qu'elles ont contribué à fonder, une utilité incontestable, si, abandonnant les opérations que le petit colon est devenu presque aussi capable qu'elles de faire avec profit, elles portaient toute leur activité du côté des entreprises dans lesquelles elles remplaceraient avantageusement l'initiative gouvernementale et qui sont le plus souvent en Europe l'objet de services publics, entreprises de navigation, ports, magasins généraux, transports postaux, travaux publics, etc.

La grande colonisation ne semble pas d'ailleurs devoir être, dans tous les cas, même au début, le procédé le meilleur.

Elle ne saurait être utilisée par exemple dans les colonies de petite étendue, telles que les Antilles ou la Nouvelle-Calédonie. Son champ d'action ne peut être en effet limité : il y faut la faculté de faire des opérations nombreuses et vastes. Elle s'applique de plus, plus particulièrement aux affaires commerciales parce que ce sont elles qui exigent le rouage économique le plus compliqué. Or les affaires commerciales sont peu importantes dans une colonie de peu d'étendue ; elles ne suffiraient pas pour occuper l'activité et rémunérer les actionnaires d'une Société à gros capital.

Aussi les petites colonies sont-elles surtout des colonies agricoles.

Pour ce genre d'opérations, il ne paraît pas démontré que le meilleur système à appliquer soit celui des grandes Compagnies.

Pour le travail de la terre, l'œil du maître est plus qu'en tout autre cas, le meilleur et le plus diligent.

On nous objectera peut-être que l'exemple des colonies hollandaises est favorable à la grande colonisation, même agricole, et qu'il y a tendance en France à substituer la grande à la petite culture. Nous n'en sommes pas moins portés à penser que l'agriculture coloniale est plus dans le rôle de la petite colonisation que dans celui des grandes Compagnies et qu'à condition de l'aider par divers procédés de nature à le mettre en partie à l'abri des aléas et difficultés qui le menacent (assurances, syndicat de vente, caisse de prêts et crédit agricole, transformation en commun des produits récoltés, études pour l'amélioration des produits, etc.) le petit propriétaire colonial est plus à même que les grandes Sociétés de réussir en matière de culture et de tirer du sol le maximum de rendement utile.

Les diverses observations ci-dessus peuvent se résumer dans cette constatation :

Que dans les pays les plus vastes et les plus primitifs, la grande colonisation est sinon le seul, du moins le meilleur procédé à employer, mais qu'elle ne saurait y être avec profit indéfiniment maintenue;

Que dans les petites colonies, qui en raison même de leurs dimensions ne se prêtent guère à des affaires commerciales très étendues, le morcellement de la propriété n'est pas un mal et que la petite culture paraît devoir y réussir au moins aussi bien que la grande.

Ceci étant admis, nous voudrions rechercher par quels procédés, petits et grands colons peuvent créer et ensuite développer rapidement leurs transactions, commerciales ou autres, avec les indigènes.

Coloniser en effet ce n'est pas seulement planter les couleurs nationales d'un pays civilisé sur un continent barbare, c'est encore nouer des relations avec les peuples qui habitent ces continents. se créer avec eux des liens de toutes sortes, leur apporter avec les avantages matériels de la civilisation, ses bienfaits moraux.

Sans ce double apport, il n'y a pas colonisation.

On est assez disposé à dire aujourd'hui que les peuples colonisateurs se soucient assez peu du côté moral de leur mission et que la recherche des profits commerciaux qui est leur principale préoccupation va au contraire à l'encontre de leur tâche civilisatrice.

Ce sont boutades d'humoristes ou jalousies de concurrents, nées notamment à l'occasion de la campagne entreprise par quelques commerçants anglais contre l'Etat Indépendant du Congo, qui ne tiennent pas devant l'étude des faits. Un philosophe a dit que le juste était l'aspect moral de l'utile et l'utile l'aspect pratique du juste ; c'est avec raison à notre avis qu'il considérait l'utile et le juste comme unis ensemble par des liens étroits. Aux colonies, pas plus que sur les vieux continents, des procédés basés sur l'injustice ne sauraient être profitables ; la politique la plus avantageuse est toujours et partout celle qui est aussi, moralement, la meilleure.

Il faut bien se rendre compte cependant que l'éducation morale des peuplades primitives de l'Afrique ne saurait se faire en un jour, et que l'Européen ne peut inculquer les principes qui règlent sa conduite personnelle en ouvrant des cours de morale dans les villages noirs.

C'est par la pratique seule, c'est-à-dire par un contact continu résultant surtout de relations commerciales ininterrompues, que le colon peut remplir son œuvre civilisatrice.

Mais comment créer ces relations commerciales fréquentes et régulières?

Pour quiconque ne connaît point les peuples barbares dont nous parlons, la question semble oiseuse. On s'imagine volontiers, que si ceux-ci ne sont pas arrêtés par la crainte du blanc, ils ne demandent pas mieux que de venir faire des emplettes nombreuses dans leurs établissements. Rien n'est moins exact.

Il ne suffit pas d'installer une factorerie au Soudan ou au Congo pour qu'immédiatement toute la population des régions avoisinantes s'y précipite et vienne y faire des achats quotidiens.

Sans doute, la curiosité dont le noir est largement doué l'amènera autour des comptoirs européens; sans doute il regardera avec plaisir les objets qui y sont exposés, tissus bariolés, perles multicolores, couteaux, parfums, objets de toutes sortes, mais quand il saura que pour se procurer ces objets, il lui faut s'astreindre à un travail de plusieurs jours, sa première pensée sera que la récompense ne vaut pas l'effort qu'il s'imposerait pour se la procurer et il s'en ira.

La plupart des marchandises qui lui sont offertes en effet ne répondent pas à un besoin déjà né de l'indigène. Elles ne satisferaient chez lui qu'un caprice. Or pour un caprice, s'astreindre à une tâche pénible ou longue, quand on ignore complètement le travail, c'est un effort difficile. Il faut amener l'indigène à faire cet effort, et ensuite transformer son caprice en besoin.

Créer des besoins aux indigènes est la première tâche du colon, et non la plus aisée. Cette œuvre, quoi qu'on en dise, est essentiellement moralisatrice, car elle a pour conséquence de donner aux indigènes le goût du travail qui est évidemment une des bases les plus solides de la morale humaine.

Pour arriver à créer des besoins à l'indigène, le colon s'en rapporte généralement un peu au hasard. Il semble cependant que cette tâche pourrait être raisonnée par lui, et accomplie d'une façon méthodique.

Les peuplades primitives des pays colonisés sont généralement des êtres d'instinct chez lesquels les satisfactions intellectuelles comptent pour fort peu.

C'est donc tout d'abord à leurs sens que le colon doit s'adresser. Parmi ces sens, le goût est généralement le plus excitable.

Il faut le regretter, car il manifeste généralement sa sensibilité en faveur de l'alcool dont l'influence est aussi pernicieuse pour les noirs que pour les blancs. Tout au moins, faut-il constater que les colons ne sont pas responsables de cette prédilection, car l'usage d'alcools indigènes existait chez tous les peuples primitifs avant que l'Européen n'y imposât les produits grossiers de Hambourg et de Liverpool.

Après le goût, c'est la vue qui paraît être le sens le plus éveillé chez les indigènes. Ils aiment à contempler des couleurs voyantes et à en orner leur corps. L'usage de vêtement n'est pas né parmi eux d'un sentiment de pudeur, ou du désir de se protéger contre les intempéries du climat, mais seulement de leur goût pour les couleurs et les draperies.

L'odorat vient ensuite. L'amour que l'indigène a pour les parfums prouve que ce sens a chez lui certaines exigences. C'est évidemment parce qu'il est un besoin des sens comme l'alcool qu'il jouit d'une faveur que l'on s'étonne au premier abord de lui voir obtenir chez des êtres primitifs.

Enfin l'ouïe aime aussi recevoir chez les peuplades sauvages de fréquentes satisfactions; celles-ci, il est vrai, ne sont pas de premier choix.

Là s'arrêtent généralement les goûts des peuplades colonisées. Satisfaire des sensations est toute leur ambition. Il ne faut pas demander, tout au moins aux plus primitives d'entre elles, de n'avoir aucun besoin intellectuel et de rechercher dans le domaine des sentiments quelque exigence à contenter.

Ceci étant donné, il nous paraît certain qu'une étude de l'éducation des sens et la détermination des méthodes à employer pour réaliser cette éducation mériterait de retenir l'attention de tous ceux qui s'intéressent à la science coloniale et rentrerait bien dans l'examen des procédés de colonisation auquel notre classe 117 est consacrée.

Nous n'avons ni la compétence ni la place nécessaires pour aborder ici cette étude. Nous nous contentons d'indiquer l'intérêt qu'elle présente pour le colon et de signaler que la recherche des procédés assez suggestifs employés dans ce sens par l'antiquité pourrait fournir d'utiles documents et suggérer aux colons modernes des méthodes efficaces.

Supposons maintenant que, par des méthodes appropriées, le colon soit parvenu à nouer des relations suivies avec les indigènes et à provoquer chez ceux-ci un certain goût du travail qui lui permette de faire régner dans le pays colonisé un commencement d'activité économique.

Quel régime, dans ce cas, devra être adopté pour régler les conditions du travail et organiser les relations entamées?

Il faut envisager cette question à deux points de vue, suivant qu'il s'agit d'opérations commerciales ou d'opérations industrielles, et par industrie nous entendons aussi bien l'industrie agricole et minière que l'industrie manufacturière qui existe peu aux colonies.

Au point de vue commercial, l'usage des intermédiaires indigènes paraît être extrêmement recommandable. Il offre des garanties aux négociants qui peuvent plus aisément faire crédit à quelques individus choisis par eux avec soin et plus intéressés à tenir leurs engagements qu'un acheteur accidentel; il constitue, d'autre part, au point de vue des indigènes, une sorte d'école pratique qui aide à leur émancipation et permet de les initier au commerce à un autre titre que comme consommateurs. Il a cependant l'inconvénient d'augmenter la valeur d'achat des marchandises, l'intermédiaire devant prélever son bénéfice qui s'ajoute à celui du colon et ne se faisant pas faute de majorer dans des proportions exagérées le prix des denrées qu'il détaille. Malgré cet inconvénient qui disparaîtra au moins en partie le jour où les intermédiaires seront en plus grand nombre, leur institution mérite d'être encouragée.

Au point de vue industriel, la solution était autrefois simple et une. L'esclavage constituait la condition habituelle de l'indigène à l'égard du colon. Cette organisation très simple a été justement abolie. Malheureusement, on n'a rien pu mettre à la place et la situation des colons en a été, dans bien des cas, gravement compromise.

Il faut le reconnaître, les crises profondes qu'ont traversées nos colonies des Antilles, principalement la Guadeloupe, ont eu pour principale cause la disparition de la main-d'œuvre, résultant de la suppression de l'esclavage.

Comment remédier à cette situation? Comment rendre possible pour l'avenir l'exploitation agricole de nos colonies? C'est à n'en pas douter le plus grave problème qui se pose aujourd'hui aux Etats qui se préoccupent de l'avenir de leurs colonies.

Le Gouvernement français ne paraît pas s'être préoccupé de cette question avec autant de soins que certains gouvernements étrangers, peut-être parce que l'absence de tentatives nouvelles et importantes de culture ne lui a pas permis de constater la gravité de la situation. Depuis vingt ans notre attention est, en effet, attirée surtout par l'immense empire que nous nous sommes créé en Afrique. Or, la mise en valeur de cet empire a été jusqu'à ce jour purement commerciale. La question de la main-d'œuvre ne s'y est pas posée. Il ne faut pas croire qu'il en sera indéfiniment ainsi. Le xx$^{e}$ siècle aura, à n'en pas douter, à assurer l'exploitation agricole de l'Afrique occidentale. Ce résultat ne pourra être acquis, semble-t-il, sans que le Gouvernement intervienne pour procurer aux colons la main-d'œuvre nécessaire.

Il s'est déjà préoccupé d'ailleurs d'établir dans certaines colonies une législation du contrat de travail destinée à créer des liens légaux et des obligations réciproques entre l'employeur et l'employé. Mais cette législation, dans sa préoccupation, très légitime d'ailleurs, d'assurer une large protection à l'ouvrier, ne vise guère que les garanties à donner à celui-ci contre le patron; elle n'en fournit aucune au patron à l'égard de ses travailleurs. Ceux-ci peuvent rompre le contrat de travail sans qu'il leur en coûte quoi que ce soit, alors que cette rupture peut avoir pour effet, non seulement la ruine de l'employeur, mais aussi une crise grave pour la colonie où elle se produit.

Il serait indispensable pour l'avenir agricole de nos colonies que des obligations plus rigoureuses soient imposées aux travailleurs indigènes, sinon il faut proclamer qu'aucune entreprise de culture ne doit y être essayée tant que les indigènes n'auront pas acquis une notion plus élevée de leur fonction sociale, notion qui les amène à se créer eux-mêmes des liens moraux à l'égard de leur patron. Nous sommes encore loin de cet état d'esprit idéal.

Il semble à beaucoup que ce serait un attentat à la liberté individuelle, une violation des principes de 89 que de proclamer pour les indigènes de nos colonies l'obligation au travail. Cette obligation n'est-elle pas pourtant contenue implicitement dans toute notre législation? La loi sur le vagabondage, le principe des impôts, le Code civil n'impliquent-ils pas l'obligation du travail pour tout citoyen français? Et puisque nous prétendons que les indigènes doivent aussi payer l'impôt, n'admettons-nous pas, par là même, qu'ils sont obligés de travailler, tout au moins un certain nombre de jours, pour remplir cette obligation? Le nombre des jours de travail n'a pas d'importance. Si le principe est admis en faveur de l'Etat, pourquoi ne pas l'admettre aussi en faveur de l'industrie privée? Faire une règle spéciale pour l'Etat et une autre pour les individus paraît autrement choquant que de proclamer d'une façon absolue que tout indigène qui ne justifiera pas de ressources personnelles, devra justifier au moins qu'il gagne sa vie par son travail.

Une réglementation de ce genre avait été établie il y a quelques années aux Comores. Nous ne savons pas si elle subsiste, mais nous croyons que son application n'avait provoqué aucune difficulté et qu'elle avait rendu de grands services à la colonisation.

A côté du salariat et vu surtout les difficultés que présente son application en l'absence d'une législation convenable, on peut essayer d'adopter d'autres systèmes pour assurer la mise en valeur du sol de nos colonies.

En Indo-Chine par exemple existe la propriété collective des villages qui donne pour la culture du riz d'excellents résultats. Au Soudan on s'efforce d'employer pour la culture du coton des procédés analogues. Il paraît fort intéressant d'étendre ces expériences en Afrique. Mais nous n'en devons pas moins désirer qu'on réserve à l'agriculteur français la possibilité de chercher hors de la métropole l'emploi de son activité et de son initiative, en lui assurant les moyens de se procurer la main-d'œuvre nécessaire à toute entreprise de culture.

Les difficultés de main-d'œuvre aux colonies rendent nécessaire l'étude immédiate des procédés les plus propres à augmenter la productivité du travail.

Au premier rang de ceux-ci semble être la création de moyens de transport et d'un outillage mécanique industriel.

Actuellement en Afrique, le portage détourne des travaux de production des milliers d'indigènes. Si l'on songe en effet que la charge d'un noir ne dépasse guère en moyenne 20 à 25 kilos et la distance qu'il parcourt en un jour, 15 à 20 kilomètres en comptant les arrêts, on constate que le transport d'une tonne de marchandises à 1.000 kilomètres de la côte africaine emploiera 50 porteurs pendant 60 jours environ. Si l'on estime à 100.000 tonnes les marchandises débarquées chaque année dans nos possessions de l'Afrique Occidentale et dans l'Etat indépendant du Congo, il faudra 500.000 indigènes pour transporter ces 100.000 tonnes à une distance moyenne de 500 kilomètres.

Si l'on disposait de moyens de traction mécanique pour transporter ces marchandises, ces 500.000 indigènes seraient rendus au travail productif.

L'emploi d'un outillage mécanique assez perfectionné permettra aussi de réduire le personnel indigène dans l'industrie forestière, dans les plantations, etc., et d'obtenir avec un nombre de travailleurs assez restreint les résultats qui exigent aujourd'hui une armée d'ouvriers.

Le noir se prêtera-t-il au travail des machines comme l'ouvrier blanc ou même l'ouvrier jaune? On l'a contesté. Les expériences auxquelles nous avons personnellement assisté en Afrique et aux Antilles nous ont convaincu que cette opinion n'était pas justifiée et que l'ouvrier noir était un excellent ouvrier industriel. Tout travail qui n'exige point de gros efforts physiques convient en effet aux noirs qui détestent avant tout l'effort; la monotonie qui est le propre du travail industriel n'est pas d'autre part pour leur déplaire. Enfin, la machine force l'ouvrier à ne point s'arrêter; elle empêche ainsi la flânerie qui est si fort dans le tempérament noir et qui rend son travail si peu productif.

Contrairement à l'opinion généralement exprimée, nous sommes donc d'avis que le noir donnerait comme ouvrier d'usine un rendement supérieur à celui qu'on peut en attendre comme ouvrier agricole.

Il nous resterait beaucoup de questions à aborder pour passer en revue tout ce qui se rattache aux « procédés de colonisation ». Nous devrions notamment consacrer un long chapitre à la question douanière et discuter le système protectionniste qui a la faveur des législateurs français. Cette question a été si souvent et si bien traitée que nous croyons pouvoir la laisser de côté. Une autre question fort intéressante également est celle de l'introduction aux colonies d'industries pouvant faire concurrence à celles de la métropole. Nous en sommes, quant à nous, partisans. Mais la place nous manque pour donner les arguments à l'appui de notre opinion. Nous devons terminer ici notre esquisse historique et doctrinale.

Le cadre forcément réduit dont nous disposions nous a contraints à passer sous silence bien des questions importantes, et à abréger l'examen de plusieurs d'une façon excessive. Il en résulte des disproportions nombreuses. Nous nous en excusons, en demandant à nos lecteurs de ne point trop nous en faire grief et de faire bénéficier l'auteur de la sympathie qu'ils accordent sans nul doute au sujet qu'il a traité.

---

## TROISIÈME PARTIE

# L'EXPOSITION DE LA CLASSE 117

Les exposants de la classe 117 sont répartis à Liége dans plusieurs palais ou pavillons :

Le Palais de l'Afrique,
Le Palais de l'Asie,
Le Palais de la Tunisie,
La Maison Coloniale,
Le Pavillon de l'Office Colonial.

Le catalogue officiel de l'Exposition les a classés en s'inspirant de cette répartition topographique.

Ils pourraient également être groupés en tenant compte de leur caractère public ou privé.

Les services du Ministère des Colonies et de nos diverses colonies ont, en effet, pris une participation importante dans l'Exposition de la Classe 117.

Parmi les exposants qui n'ont aucun lien administratif, la place la plus importante revient à la Presse coloniale périodique ou quotidienne qui a fait à Liége une manifestation toute à son honneur.

C'est avec une légitime satisfaction que l'on constate la place que tiennent les questions coloniales dans les préoccupations de nos publicistes français et l'importance de la presse coloniale dans la presse de notre pays. Les colonies, comme tout ce qui est nouveau et inconnu, ayant besoin de beaucoup de publicité, c'est pour elles une bonne fortune inappréciable que d'avoir su attirer à elles une foule aussi nombreuse d'esprits distingués et dévoués.

Nous aurions voulu pouvoir consacrer dans ce rapport quelques lignes à chacun des 186 exposants qui figurent dans la Classe 117. Malheureusement, un grand nombre d'entre eux n'ont pu nous fournir en temps utile les renseignements que nous avions sollicités d'eux pour compléter ceux que nous avions acquis directement au cours de nos visites à Liége.

Nous prions ceux que nous ne mentionnerons pas ci-dessous, d'excuser notre silence qui ne résulte certes pas de notre mauvaise volonté et de retenir pour eux une bonne partie des éloges que nous décernons avec tous les visiteurs de l'Exposition de Liége, à la totalité des Exposants de la Classe 117 qui ont fait chez nos voisins une manifestation dont leur pays peut justement s'honorer.

## L'Africaine.

L'*Africaine* est en même temps qu'une œuvre philanthropique de secours, une association de propagande coloniale ; elle a été fondée en 1895, par M. J.-L. Brunet. C'est une des sociétés dues à l'infatigable et intelligente activité du très distingué secrétaire de la classe 117.

Le très remarquable volume publié par les soins de M. J.-L. Brunet sur les *Colonies françaises à l'Exposition de Liége*, contient des renseignements sur la composition du Conseil d'honneur et du Conseil d'administration de cette Société, sur ses publications, sa propagande, etc.

Nous renvoyons à ce volume pour ne pas faire double emploi.

## Les Actualités Diplomatiques et Coloniales.

Les *Actualités Diplomatiques et Coloniales* ont été créées par M. J.-L. Brunet, leur directeur actuel, en 1896 ; elles ont d'abord paru comme partie supplémentaire de la *Revue des Colonies et Pays de Protectorat*, puis, en 1899, comme supplément de la *Revue d'Europe*; après avoir fusionné, en 1904, avec la *Nouvelle Revue Internationale*, cet important organe a repris le cours régulier de sa publication.

Les *Actualités Diplomatiques et Coloniales* paraissent chaque mois en un numéro illustré de 64 à 80 pages, elles publient en tête de chaque fascicule un *Bulletin* sur la politique étrangère.

Une personnalité parlementaire des plus compétentes dans les questions coloniales et de politique extérieure, assure aux *Actualités* sa collaboration régulière.

Chaque numéro contient de nombreux articles inédits, des correspondances de l'étranger et des colonies, des études, variétés, nouvelles, etc.

Des collaborateurs et correspondants, d'une autorité indiscutable, assurent régulièrement la publication des rubriques suivantes : Chronique scientifique. — Nouvelles de l'étranger. — Revue des colonies et des protectorats. — Echos et nouvelles. — Le mouvement colonial et maritime. — Choses et autres. — Courrier des Expositions. — Revue du commerce extérieur et de l'industrie. — Le génie colonial. — Un peu de tout. — Bulletin bibliographique, etc.

## Philippe Bourdier.

Le distingué chef du service topographique à Tananarive a exposé une carte de Madagascar au 1/1.000.000 qui indique les concessions accordées au 1er janvier 1904 et qui constitue le document le plus récent en cette matière.

## Bureau de la colonisation du gouvernement de Madagascar et dépendances.

Ce service a exposé la législation sur les concessions de terre. On sait que cette législation est la plus récente qui ait été élaborée sur les concessions domaniales. Elle contient par suite les dernières améliorations que l'administration, instruite par l'expérience acquise en Indo-Chine et dans l'Afrique Occidentale, a cru devoir apporter en une matière extrêmement complexe et délicate.

## Chef du Service des Domaines à Tananarive.

Ce service expose un document fort intéressant sur l'immatriculation de la propriété foncière à Madagascar.

## Chef du Service des Mines à Madagascar.

Ce service expose une liste des principaux minerais utiles dont la présence a été reconnue à Madagascar, ainsi qu'un tableau indiquant les opérations à faire pour obtenir une concession minière.

Beaucoup de visiteurs ont dû être étonnés d'apprendre que Madagascar ne contenait pas seulement de l'or, mais encore de très nombreux minerais.

## Comité de propagande de l'Afrique Occidentale française.

Le *Comité de propagande de l'Afrique Occidentale française* (ancien comité du Dahomey) a été autorisé par arrêté du ministre de l'Intérieur du 1er avril 1900 et approuvé par le ministre des Colonies, le 24 janvier 1901.

Le Comité a pour but de faire connaître l'Afrique Occidentale française, d'aider à sa colonisation, d'étudier, au point de vue des intérêts français, les questions se rattachant à la défense et au développement de l'agriculture, du commerce et de l'industrie en Afrique Occidentale.

Le Comité exerce son action par la publication de livres, brochures, journaux, revues, par des conférences, par la création de sections locales, etc.

Il fournit verbalement ou par écrit, tous renseignements sur l'Afrique Occidentale et prête gratuitement des collections de produits et des collections ethnographiques provenant de l'Afrique Occidentale aux expositions officiellement constituées.

Le Comité publie en outre, mensuellement, une revue illustrée, servie gratuitement à ses membres et répandue dans la Presse et dans tous les milieux susceptibles de s'intéresser à l'Afrique Occidentale.

Il a pour président M. le sénateur M. Saint-Germain, et pour secrétaire général M. J. L. Brunet.

## Comité de Madagascar.

Le *Comité de Madagascar*, fondé en 1895, s'est proposé de favoriser tous les efforts tendant à la mise en valeur de notre nouvelle colonie. Il a contribué dans une large mesure à son développement économique.

Il publie la *Revue de Madagascar* qui contient tous les documents concernant l'administration et l'exploitation de la colonie. Il organise des conférences sur tous les points du territoire francais pour faire connaître notre possession et renseigner le public sur ses ressources et les moyens de s'y établir avec succès.

Le président d'honneur du comité de Madagascar est M. Grandidier et son président-trésorier M. Charles Roux.

## Gouvernement général de Madagascar.

S'il est une colonie où l'administration se soit préoccupée de ne pas agir de façon empirique, de profiter de l'expérience de l'histoire et d'appliquer des méthodes raisonnées, c'est bien notre colonie de Madagascar.

Elle a eu la bonne fortune d'avoir à sa tête presque au lendemain de sa conquête un homme des plus expérimentés en matière coloniale, une des intelligences les mieux douées de notre armée.

Le général Gallieni, en quelques mois, a pacifié un pays où la rébellion s'étendait jusqu'aux portes de la capitale; en quelques années il l'a organisé administrativement d'une façon qui est à l'abri de toute critique.

Il l'a doté de travaux publics, il y a créé un régime fiscal qui fournit des ressources considérables.

Tous les services nécessaires à une colonie moderne, tous ceux dont nous indiquions plus haut l'utilité, enseignement, salubrité, service topographique, service minier, service de l'agriculture existent à Madagascar.

Les colons, attirés par une large publicité, ont afflué dans notre lointaine colonie comme si elle avait été aux portes de la métropole.

Tout est organisé, grâce à l'activité extraordinaire d'un chef admirable. Le terrain est ensemencé et bien ensemencé. Il n'y a plus qu'à attendre la récolte : si celle-ci n'est point aussi belle qu'on s'y attendait, ce n'est point au général Gallieni qu'il faudra faire des reproches.

## Gouvernement général de l'Afrique Occidentale française.

Les colonies françaises de l'Afrique Occidentale sont entrées depuis quelques années dans une ère de prospérité qui a surpris beaucoup d'esprits sceptiques. Il est probable cependant que l'avenir nous réserve encore plus de surprises agréables que l'heure présente.

Cette situation brillante est due pour une bonne part à l'impulsion remarquable qu'a su donner à nos possessions africaines, leur gouverneur général, M. Roume.

La réorganisation administrative qui a eu lieu sur son initiative n'a pas été sans contribuer également aux progrès de l'Afrique Occidentale française.

Cette organisation a donné plus d'unité à la Direction ; elle a assuré au groupe des moyens financiers qui ont permis l'exécution de travaux importants qui augmenteront le bien-être des colons et mettront à leur disposition un outillage économique jusque-là insuffisant.

Comme le général Gallieni à Madagascar, M. Roume a porté tous ses efforts à l'exécution des travaux destinés à faciliter les transports, travaux de ports, services de navigation, chemin de fer du Niger, etc. Il a entrepris aussi d'assurer la salubrité dans la colonie par une réglementation sévère, propre à amener la destruction des moustiques, véhicules de la fièvre jaune et du paludisme. Il a également commencé l'organisation de l'enseignement primaire et professionnel. M. Roume a été activement secondé par des collaborateurs éminents comme M. Guy, lieutenant-gouverneur du Sénégal, Ponty, lieutenant-gouverneur du Haut-Sénégal et Niger et par les gouverneurs de la Guinée, de la Côte d'Ivoire et du Dahomey.

Le Gouvernement général de l'Afrique Occidentale française a exposé à Liége, conjointement avec les Gouvernements de la Côte d'Ivoire, du Dahomey, de la Guinée, du Haut-Sénégal et Niger et du Sénégal, de nombreux produits, parmi lesquels une collection de produits pharmaceutiques indigènes, une collection d'échantillons de caoutchouc, une collection de palmistes sous ses différentes formes (régimes, noix de palmes, amandes, huiles), des échantillons de karité (fruits, pains, savons), des arachides, des fibres de raphia, des échantillons de mil, maïs, riz de montagne, sésame, kapock ; il y a également des collections de bois du Sénégal, des cotons de toutes provenances à l'état brut, égrené, filé, tissé ; une collection de minerais provenant de la mission Chotard au Fouta-Djalon.

L'Exposition comprend encore divers documents, entre autres des photographies rapportées par le capitaine Théveniaut, de sa mission dans l'Adrar et la Mauritanie, les statistiques de toutes les productions et du commerce de l'Afrique, une carte de la région cotonnière, et enfin des documents météorologiques, géologiques et ethnographiques.

Nous croyons intéressant de publier ici les statistiques concernant chacune des colonies de la Côte Occidentale d'Afrique qui figurent à Liége :

**Sénégal.** — Depuis l'année 1894 jusqu'en 1903, le commerce du Sénégal n'a cessé de progresser, il a passé de 45.000.000 de francs à 92.000.000.

Voici la statistique et le tableau général du commerce du Séngalé, de 1894 à 1903 :

| Années | Importations | Exportations | Totaux généraux |
|---|---|---|---|
| 1894...... | 26.986.533 | 18.166.971 | 45.153.504 |
| 1895...... | 28.268.054 | 12.435.888 | 49.703.942 |
| 1896...... | 24.757.697 | 17.890.468 | 42.648.165 |
| 1897...... | 24.810.195 | 18.830.651 | 43.640.846 |
| 1898...... | 30.578.974 | 25.177.255 | 55.756.229 |
| 1899...... | 39.558.848 | 19.973.930 | 59.532.778 |
| 1900...... | 35.563.285 | 29.964.142 | 65.527.427 |
| 1901...... | 52.545.583 | 26.335.020 | 78.880.603 |
| 1902...... | 35.870.037 | 65.562.781 | 61.432.818 |
| 1903...... | 51.662.996 | 40.630.012 | 92.293.008 |

Les exportations portent principalement sur l'arachide, la gomme et le caoutchouc, on peut y ajouter des plumes de parure, des dents d'éléphants, des amandes de palme. Les principaux articles d'importation dans la colonie sont les verroteries, les tissus, les alcools, le riz, le tabac et le sel.

**Guinée.** — Le commerce général de la Guinée a passé de 1894 à 1903 de 10.000.000 à 32.000.000 de francs, en voici le tableau :

| Années | Importations | Exportations | Totaux généraux |
|---|---|---|---|
| — | — | — | — |
| 1894...... | 4.893.688 | 5.222.177 | 10.115.865 |
| 1895...... | 5.072.903 | 5.230.376 | 110.303.279 |
| 1896...... | 4.603.298 | 5.655.137 | 10.258.435 |
| 1897...... | 7.453.495 | 6.715.090 | 14.168.585 |
| 1898...... | 8.214.635 | 7.739.968 | 15.954.603 |
| 1899...... | 13.599.158 | 9.105.496 | 22.704.654 |
| 1900...... | 12.441.626 | 10.087.885 | 22.529.511 |
| 1901...... | 7.321.430 | 7.729.599 | 15.051.029 |
| 1902...... | 12.641.234 | 11.253.889 | 23.895.123 |
| 1903...... | 17.942.974 | 14.090.743 | 32.033.717 |

On importe surtout en Guinée des tissus de fil, de coton, du tabac, de l'alcool, des verroteries. Le grand produit d'exportation est le caoutchouc, on peut mentionner aussi les palmistes, les arachides et les sésames.

**Dahomey.** — Dans les dix dernières années, le commerce du Dahomey n'a pas bougé, comme le prouve le tableau suivant :

| Années | Importations | Exportations | Totaux |
|---|---|---|---|
| — | — | — | — |
| 1894..... | 10.771.789 | 9.973.703 | 20.745.492 |
| 1895..... | 110.542.220 | 10.521.868 | 21.064.088 |
| 1896..... | 9.121.305 | 9.224.491 | 18.345.796 |
| 1897..... | 8.066.154 | 5.302.250 | 13.368.404 |
| 1898..... | 9.446.227 | 7.438.556 | 16.884.783 |
| 1899..... | 10.647.776 | 12.698.396 | 23.346.172 |
| 1900..... | 13.438.049 | 12.698.343 | 26.136.392 |
| 1901..... | 14.763.546 | 10.365.857 | 25.129.403 |
| 1902..... | 15.729.743 | 13.548.886 | 29.278.629 |
| 1903..... | 11.264.258 | 9.540.066 | 20.840.324 |

Les produits d'importation sont principalement les spiritueux, les tissus de coton, le tabac en feuilles, les fusils à pierre, la poudre et le sel gemme.

Presque toute l'exportation porte sur les palmistes, il y a également de légers apports de coprah, caoutchouc, arachides, coton, maïs et riz.

**Côte d'Ivoire.** — Le commerce a passé de 1894 à 1903, de 7.000.000 à 17.000.000 de francs. En voici le tableau :

| Années | Importations | Exportations | Totaux |
|---|---|---|---|
| — | — | — | — |
| 1894....... | 3.124.053 | 4.069.409 | 7.193.462 |
| 1895....... | 2.999.596 | 3.706.451 | 6.706.047 |
| 1896....... | 4.143.555 | 4.399.787 | 8.543.342 |
| 1897....... | 3.991.132 | 4.714.661 | 8.705.793 |
| 1898....... | 5.028.580 | 5.025.811 | 10.054.391 |
| 1899....... | 5.447.591 | 5.816.122 | 11.263.713 |
| 1900....... | 7.618.675 | 8.052.339 | 15.671.014 |
| 1901....... | 6.184.131 | 6.217.901 | 12.402.032 |
| 1902....... | 9.249.978 | 7.054.236 | 16.304.214 |
| 1903....... | 9.078.131 | 7.613.460 | 16.691.591 |

Les importations portent principalement sur les étoffes, les spiritueux, le cuivre, le tabac et le sel.

On exporte surtout de la colonie de l'huile de palme, de l'acajou et du caoutchouc.

**Haut-Sénégal et Niger.** — Le Gouvernement du Haut-Sénégal et Niger s'étend de la rivière Falené, jusqu'au lac Tchad ; son commerce comprend principalement l'exportation des tissus bon marché, des conserves alimentaires, des sels marins, des verroteries, du sel gemme, de la gomme, du bétail.

Elle exporte principalement le caoutchouc, la gomme, l'ivoire, les plumes, le sucre, le miel, la kola et un peu de bétail.

## Inspection générale de l'Agriculture coloniale et Direction du Jardin colonial.

Ce service expose d'intéressantes collections et le *Bulletin du Jardin Colonial.*

Le *Bulletin* a été fondé par arrêté ministériel en date du 12 septembre 1900.

L'Inspection générale de l'Agriculture est chargée de la réunion des documents destinés à être insérés au *Bulletin.*

Ces documents se rangent en trois catégories:

1° Les documents officiels comprenant tous les actes administratifs émanant de l'Administration centrale ou des gouvernements locaux ayant trait à l'agriculture ;

2° Les études et mémoires émanant des laboratoires du Jardin colonial et envoyés par les agents des services de l'Agriculture ou les consuls ; les résultats des enquêtes concernant les cultures ou industries agricoles provoquées par le Jardin colonial ;

3° Des notes relatives à des essais culturaux, des analyses chimiques.

Le *Bulletin* est édité par la librairie Challamel sans aucune subvention du département des Colonies.

Jusqu'au début de la présente année le *Bulletin* paraissait une fois tous les deux mois.

Etant donnée l'abondance des matières, depuis le début de cette année, il est devenu mensuel.

Cette publication d'un haut intérêt a brillamment réussi; aussi l'actif directeur du Jardin colonial, M. Dybowski, qui surveille sa rédaction, prévoit-il qu'il pourra prochainement publier des planches en couleur sans subvention de son département.

Ainsi complété, le *Bulletin du Jardin Colonial* passera tout à fait au premier rang des publications similaires.

## Inspection générale des Travaux publics.

Dans chacun des pavillons de l'Asie et de l'Afrique, ce service présente :

1° Une série de cartes murales à grande échelle, représentant les plans et profils en long des chemins de fer des colonies françaises en Asie ou en Afrique ;

2° Une collection de photographies représentant des vues prises sur les chantiers de construction de chemins de fer ou de grands travaux publics, et faisant ressortir les conditions spéciales dans lesquelles ces travaux s'exécutent dans les colonies ; en particulier, les vues de grands ouvrages d'art et de ponts métalliques d'importance exceptionnelle ;

3° Des modèles, grandeur d'exécution, des divers types de traverses métalliques et de rails employés dans la construction des chemins de fer coloniaux ;

4° Dans le pavillon de l'Asie, un modèle de 6 mètres de longueur représentant 3 travées du grand pont d'Hanoï (d'ouverture), l'un des ouvrages métalliques les plus importants qui existent ;

5° Dans le même pavillon, 2 plans du port de la Pointe des Galets et diverses photographies du chemin de fer et du Port de la Réunion exploités par l'Etat ;

6° Enfin, dans chaque pavillon, un tableau indiquant la situation actuelle des chemins de fer et les longueurs en exploitation. Les voies ferrées constituent en effet la partie la plus importante des travaux publics entrepris pour le développement de l'outillage économique dans nos possessions d'outre-mer. Ces lignes nouvelles sont les suivantes :

*Asie* : Haïphong à Hanoï et Yunnan Sen (Tonkin-Chine),
Hanoï à la frontière de Chine (Tonkin),
Hanoï à Vinh (Tonkin-Annam),
Saïgon-Khanhoa-Langbian (Cochinchine-Annam),
Tourane à Hué et Quangtri (Annam).

Une carte d'ensemble de l'Indo-Chine indique la position de ces lignes.

*Afrique* : Brikaville à Tananarive (Madagascar),
Kayes au Niger (Soudan Français),
Konakry au Niger (Guinée Française),
Abidjean vers Kong (Côte d'Ivoire),
Cotonou au Niger (Dahomey).

Une carte d'ensemble de l'Afrique Occidentale indique les positions relatives de ces diverses lignes.

## Roques

Le colonel du génie Roques est le directeur des Travaux publics à Tananarive.

C'est à lui qu'on doit le tracé du chemin de fer qui doit relier la capitale au port de Tamatave. C'est lui qui dirige la construction de ce chemin de fer.

Il expose à Liége des photographies de la région traversée de Tananarive à la mer et des travaux en cours d'exécution.

L'œuvre du colonel Roques est de celles dont le succès illustre leur auteur et dont l'achèvement contribue puissamment à la prospérité du pays qui en bénéficie.

## J. Schnerb.

M. Schnerb a exposé un graphique indiquant le mouvement du commerce extérieur de Madagascar depuis l'annexion, c'est-à-dire le mouvement des importations, des exportations, ainsi que le mouvement total du commerce extérieur de 1896 à 1903. Il montre par ce travail que le commerce extérieur de Madagascar a eu un mouvement ascendant très sensible pendant quelques années ; ce mouvement s'est ralenti à un moment donné pour décroître légèrement, résultat qui ne saurait surprendre, car il est habituellement constaté dans toutes les colonies qui ont eu au début un essor très rapide.

## Service géographique et des missions.

Le *Service géographique et des missions du ministère des Colonies* a envoyé à Liége une exposition fort intéressante comprenant 18 cartes.

L'exposition actuelle comprend, outre des cartes et des croquis déjà présentés à Anvers en 1902, certains documents nouveaux émanant des services géographiques du ministère des Colonies, de l'Indo-Chine, de Madagascar, ainsi que du travail personnel de plusieurs explorateurs.

C'est par arrêté en date du 31 janvier 1889 que M. de la Porte, sous-secrétaire d'Etat des Colonies, créa dans l'Administration qu'il dirigeait, le Service géographique des colonies.

Erigé en bureau en 1895 et doté d'un budget spécial, ce service fut alors placé sous la direction de M. Camille Guy, agrégé d'histoire et de géographie. Il a été récemment rattaché au premier bureau du secrétariat général du ministère, dont le chef est M. Maurice Gourbeil (1).

La section du Service géographique et des missions a des attributions importantes et variées : au point de vue administratif, elle doit assurer l'organisation et contrôler la gestion financière des missions aux colonies, assurer la publication, la garde et le classement des cartes et documents géographiques élaborés par ses propres cartographes, par les explorateurs et par les services géographiques des grandes colonies (Indo-Chine, Afrique Occidentale et Madagascar).

Un atelier de dessin est annexé au service. Les cartographes principaux sont MM. Barralier et Meunier.

L'exposition actuelle est constituée par les documents provenant de ces diverses sources. En voici la nomenclature :

1° *Afrique Occidentale française:*

*Carte de l'Afrique Occidentale française* au 2.000.000e en six feuilles, par MM. Meunier et Barralier.

Les documents très nombreux qui ont servi à l'établissement de cette carte font de ce travail un des plus intéressants qu'ait publiés le Service géographique des colonies. Il donne l'ensemble de nos possessions de l'Afrique Occidentale avec les divisions administratives.

Prolongée jusqu'au lac Tchad et au Chari, elle comprend en entier le 3e territoire de l'Afrique Occidentale.

*Carte de la Mauritanie*, par M. Coppolani.

Cette carte donne l'ensemble des territoires qui s'étendent du Maroc au Sénégal avec la nouvelle délimitation franco-espagnole du Rio de Oro. Aux itinéraires déjà connus, sont joints ceux de la mission Blanchet ainsi que les itinéraires parcourus par M. Coppolani, de Tombouctou à Arraouan, à Bamba et dans le Sahel.

La carte de la Mauritanie est publiée en 4 feuilles à l'échelle de 1.000.000e et a été tirée en gravure.

*Carte de la Guinée française*, par M. Meunier.

L'exécution de cette œuvre avait tout d'abord été confiée à M. le capitaine Millot, de l'infanterie de marine, membre de la commission de délimitation de Guinée et du Sierra-Leone. M. Millot avait choisi l'échelle du 200.000e.

M. le capitaine Millot, gravement malade, n'avait pu qu'amorcer les premières feuilles de ce document.

Le Service géographique reprit ce travail en modifiant l'échelle qui est maintenant celle du 500.000e.

*Carte de la Côte d'Ivoire* au 500.000e, par M. Meunier.

Sur les six feuilles que doit comporter cette carte, 4 seulement ont paru. Elle donne les itinéraires les plus récents parcourus, tant par les fonctionnaires et explorateurs que par les colonnes militaires.

Cette carte donne également le nouveau tracé du chemin de fer.

(1) M. Morgat a remplacé à la tête du 1er bureau M. Maurice Gourbeil, nommé Gouverneur des Colonies.

*Région de Brazzaville* (Manuscrit original).

Ce document a été établi sur l'ordre de M. Gentil, commissaire général au Congo français.

*Itinéraire de la mission Gendron* (Environs de Libreville et de Brazzaville) (manuscrit original).

En 1899 le ministère des Colonies envoyait au Congo une mission chargée de faire le levé topographique de la colonie et de procéder à la délimitation des concessions récemment accordées à certaines sociétés commerciales.

Cette mission dirigée par M. le commandant Gendron se composait du capitaine Bunoust et des lieutenants Jobit, Martin, Demars, Larrouy, Leyrus, Rouyer et Lofller. Ses travaux ont surtout porté sur l'Ogooué, la N'Gounié, la Sangha et la Likouala aux herbes; elle a enfin déterminé un grand nombre de points astronomiques.

*Carte du Tchad*, par le capitaine Truffert.

Cette carte en deux feuilles a été exécutée à l'échelle du 400.000e d'après les itinéraires levés, sous la direction du colonel Destenave, par le capitaine Truffert et l'enseigne de vaisseau d'Huard.

*Itinéraire de la mission Marchand* (manuscrit original).

En 1896, M. le capitaine Marchand, auquel étaient adjoints MM. les capitaines Baratier et Germain, les lieutenants Simon, Mangin, Largeau et Fouque, le docteur Emily, l'enseigne de vaisseau Dye et l'interprète Landeroin, était chargé d'une mission ayant pour but de reconnaître les territoires du Haut-Oubanghi et du Bahr-el-Ghazal.

Partis de Loango le 22 juillet 1896, M. Marchand et ses compagnons arrivaient le 19 mai 1899 à Djibouti, ayant accompli la traversée de l'Afrique Equatoriale par le Congo, l'Oubanghi, le M'Bomou, le Bahr-el-Ghazal, le Nil et le Sobat.

Les levés de cette belle mission qui ont fait l'objet d'une carte au 100.000e sont représentés à l'Exposition par quelques extraits originaux se rapportant aux régions du Haut-Oubanghi et du Haut-Nil.

*Carte des îles Comores*, par M. Meunier.

Cette carte donne, à l'échelle du 200.000e, les quatre îles de l'archipel des Comores. Dressée d'après tous les documents existant dans les archives du Service géographique des colonies, cette carte donne également l'île Dzaoudzi, chef-lieu de la colonie, au 10.000e et l'île de Pamanzi au 50.000e.

2° *Madagascar* :

*Carte générale*, par M. E.-F. Gautier.

Le Bureau topographique des troupes de Madagascar recueille sur la grande île africaine de nombreux documents de détail qu'il publie pour le service local. Il appartenait toutefois au Service géographique des colonies d'établir, à l'aide de ces documents, une carte d'ensemble de notre possession. L'exécution en a été confiée à M. Gautier, ancien directeur de l'enseignement de Madagascar.

Elle a été établie à l'échelle du 500.000e.

*Carte générale.* (Publications du Bureau topographique de Tananarive.)

La colonie de Madagascar, à l'exemple de l'Indo-Chine, a créé à Tananarive un bureau topographique chargé de publier toutes les cartes spéciales ou générales, de nature à intéresser le public sur la géographie de la grande île.

Grâce à ce nouveau service, les itinéraires relevés par les explorateurs, les fonctionnaires ou les officiers ont pu être assemblés et ont permis d'établir des cartes assez exactes pour être utilisées comme bases de renseignements.

Les publications du Bureau topographique de Madagascar sont déjà très nombreuses et la conscience apportée à leur rédaction ne le cède en rien au soin apporté à leur confection.

*Feuilles spécimens des cartes dressées par le Bureau topographique de Tananarive :*

1° Levés des côtes de Madagascar au 100.000e ;
2° Carte de Madagascar au 100.000e ;
2° Carte générale de l'île au 100.000e.

3° *Indo-Chine :*

*Carte générale de l'Indo-Chine,* dressée par le Bureau topographique d'Hanoï.

Cette carte, dressée au 1.000.000e, est la plus récente des cartes générales. Elle donne les routes, les principaux itinéraires, les chemins de fer construits, en construction et en projet.

Elle comprend neuf feuilles.

*Plan de Saïgon.* — Le plan de Saïgon est au 4.000e.

*Ile de Phu-Quoc.* — Cette carte est au 100.000e.

Ces deux documents ont été dressés par le Service du Cadastre de la Cochinchine. Le Service géographique des colonies en a surveillé l'exécution et la publication.

*Carte du Tonkin,* par le commandant Friquegnon.

Cette carte, publiée par le Service géographique des colonies, donne d'une façon très complète la géographie du Tonkin et d'une partie de la Chine méridionale ; elle comporte également le tracé des chemins de fer construits ou projetés, tant dans notre colonie que dans le Yunnan.

Dressée par M. le commandant Friquegnon à l'échelle du 500.000e, elle est gravée sur pierre et comprend quatre feuilles.

*Territoire de Quang-Tchéou-Wan* (Bureau topographique des troupes de l'Indo-Chine).

La carte de Quang-Tchéou-Wan est une des plus récentes publications du Bureau topographique des troupes de l'Indo-Chine, qui a été installé à Hanoï au début de la conquête.

Les principales cartes dressées et publiées par ce Service sont : cartes générales de l'Indo-Chine au 200.000e, au 1.000.000e et au 500.000e ; cartes de la Cochinchine au 100.000e, au 500.000e et au 200.000e ; cartes du Cambodge, de l'Annam, du Tonkin aux mêmes échelles ; cartes administratives du Tonkin, des îles Ké-bao et Hainan, ainsi qu'un grand nombre de plans de villes.

La carte de Quang-Tchéou-Wan est publiée à l'échelle du 25.000e et comprend 12 feuilles.

*Provinces méridionales de la Chine*, par le commandant Friquegnon.

Depuis longtemps les efforts du Gouvernement général de l'Indo-Chine française se sont portés sur l'étude géographique et économique des provinces du Yunnan, du Quang-Si, du Quang-Toung.

La carte des provinces comprend tous les territoires directement en contact avec le Nord de notre colonie du Tonkin, désignés plus particulièrement par leur situation à l'activité du commerce français.

Elle a été dressée par M. le commandant Friquegnon, un des principaux collaborateurs de la mission Pavie, qui a ajouté à tous les itinéraires connus, les travaux géographiques les plus récents, notamment les itinéraires levés par la Mission lyonnaise en Chine, au cours des années 1896 et 1897.

Cette carte, gravée sur pierre, est à l'échelle du 2.000.000e.

## Société antiesclavagiste de France.

Cette Association, fondée en 1888 conformément aux articles 6 et 9 de l'acte général de la Conférence de Berlin, a pour but de poursuivre l'abolition de l'esclavage en Afrique et plus particulièrement dans les territoires placés sous l'influence de la France et dans ceux qui ne dépendent d'aucune puissance européenne.

Elle se propose spécialement :

1° De répandre la connaissance des faits relatifs à la traite des esclaves et à l'esclavage ;

2° De prendre, de provoquer ou d'appuyer dans les limites de sa compétence et selon ses moyens, les mesures qui lui paraissent propres à hâter la suppression de la traite et l'abolition de l'esclavage ;

3° De s'intéresser le plus activement possible au sort des esclaves libérés. L'Association est exclusivement française.

L'Association s'inspire des principes reconnus par les puissances réunies en Congrès à Bruxelles et proclamés par l'acte du 2 juillet 1890.

Depuis 1897, la Société antiesclavagiste s'applique à remplir sa mission humanitaire en créant et en multipliant en Afrique des « villages de Liberté ».

Des établissements de ce genre avaient été antérieurement créés à Saint-Cyprien-des-Attafs par Mgr Lavigerie, en 1867; à Bagamoyo par le R. P. Hornet, en 1897; enfin, entre Kayes et Bammako, sur la route de ravitaillement du Sénégal au Niger, par le général Gallieni, en 1887.

A la liste de ses vingt-deux villages de Liberté, la Société va ajouter un village-hospice, projeté à Loango, afin de donner, dans un endroit sain, asile et assistance aux indigènes, en majorité esclaves, atteints de la terrible maladie du sommeil et de les éloigner des lieux où pullule la mouche pathogène (*glossina palpalis*) et où ils deviendraient par suite pour leurs semblables, et même pour les Européens, de véritables foyers d'infection, pendant la très lente évolution de leur hypnose.

## Comité de l'Asie française.

*Le Comité de l'Asie française* s'est fondé au mois de février de l'année 1900, dans le but de représenter et de défendre les intérêts français en Extrême-Orient. Depuis cette époque, il publie un *Bulletin mensuel* dont la collection figure à Liége et qui est l'exposé le meilleur et le plus complet de son œuvre.

Depuis sa fondation, le Comité a organisé ou soutenu de son appui moral et financier de nombreuses explorations en Extrême-Orient, notamment la mission de MM. Gervais-Courtellemont et Bordat en Perse, la mission Jouannin au golfe Persique, la mission Gervais-Courtellemont dans le Yunnan, la mission Grillières au Thibet et au Yunnan. En ce moment même, le lieutenant Grillières accomplit sa seconde exploration au Thibet, grâce à l'appui qu'il a reçu du Comité de l'Asie française (1).

## Comité du Commerce et de l'Industrie de l'Indo-Chine.

*Le Comité du Commerce et de l'Industrie de l'Indo-Chine* a été constitué il y a deux ans dans le but de s'occuper des questions économiques, industrielles, commerciales et agricoles intéressant l'Indo Chine. Il comprend les plus importantes maisons et Sociétés ayant des intérêts en Indo-Chine.

Il a poursuivi avec activité la défense des intérêts économiques français dans notre colonie. Les rapports annuels qu'il publie contiennent l'examen de toutes les questions d'ordre général intéressant l'Indo-Chine, questions de législation, questions d'hygiène et d'assainissement, communications postales et télégraphiques, transports terrestres et maritimes, questions monétaires, régime économique, cultures et plantations.

(1) Le lieutenant Grillières est décédé au cours de sa mission.

L'utilité de ces organismes collectifs n'est plus à démontrer ; ils sont indispensables dans nos colonies où l'insuffisance de l'organisation administrative et des services publics expose l'individu, beaucoup plus que dans la métropole, à de continuelles impuissances. Les avis, le patronage, la protection d'un Comité tel que celui de l'Indo-Chine, à la tête duquel se trouvent des hommes aussi actifs qu'éminents, permettent aux colons de se défendre et de supporter une situation qui, sans cela, serait pleine de dangers.

## Muséum d'histoire naturelle.

*Le Muséum d'histoire naturelle,* en participant à l'Exposition Internationale de Liége, a voulu montrer son orientation coloniale. Cet établissement dont la constitution, datant de 1793, est unique au monde, se trouve en effet mieux placé qu'aucun autre, grâce à ses collections d'une puissante richesse pour dresser l'inventaire économique de nos colonies et montrer dans quelle voie il faut marcher en vue d'une exploitation méthodique de leurs productions naturelles. On pourra se rendre compte de l'œuvre scientifique accomplie par le Muséum dans ces dernières années, en consultant la collection complète de 1895-1905 du *Bulletin* qui figure à l'Exposition. Ce recueil mensuel contient les communications faites par les membres de cet établissement aux réunions des naturalistes.

Parmi les autres volumes qui sont exposés, nous devons citer le volume publié à l'occasion du centenaire, ainsi que le remarquable travail intitulé : *La montagne Pelée et ses éruptions*, dû à M. le professeur Lacroix, membre de l'Institut et chef de la mission scientifique qui fut envoyée à la Martinique, lors du désastre.

Le professeur Lacroix a également adressé à l'Exposition une série de photographies de la montagne Pelée.

Pour indiquer la direction des recherches en zoologie appliquée, le Muséum a fait en outre figurer des collections d'insectes nuisibles, les unes préparées au laboratoire d'entomologie, les autres au laboratoire colonial du Muséum par M. Seurat ; ces dernières, relatives aux insectes nuisibles au chêne-liège, ont été recueillies en Tusisie lors d'une mission effectuée par ce naturaliste dans cette région.

## L'Union Coloniale française.

L'*Union Coloniale française* a été fondée le 7 juin 1893. Elle a pour but l'étude, la défense et le développement des intérêts généraux: 1° de la colonisation; 2° de l'agriculture, de l'industrie et du commerce aux colonies.

En outre, elle s'applique à vulgariser en France les notions coloniales et à favoriser l'émigration vers nos colonies.

Au 26 mars 1905, elle comptait 1.384 membres.

Le Conseil a pour président honoraire M. E. Mercet, président du Comptoir National d'Escompte de Paris.

Pour président : M. J.-Charles Roux, ancien député, président du Comité de Madagascar, vice-président du Conseil d'Administration de la Compagnie Universelle du Canal maritime de Suez, président de la Compagnie Générale Transatlantique.

Pour vice-présidents : M. Couturier, directeur du Crédit Foncier colonial, délégué de La Réunion au Comité consultatif des colonies ;

M. Mante, de la maison Mante frères et Borelli de Régis aîné, Marseille ;

M. Emile Maurel, de la maison Maurel et Prom., administrateur de la Compagnie des chemins de fer d'Orléans, Bordeaux ;

M. Ulysse Pila, de la maison Ulysse Pila et Cie, membre de la Chambre de Commerce de Lyon.

Pour trésorier : M. Pourrière, directeur de la Société Marseillaise de Crédit Industriel et Commercial.

Le directeur général est M. J. Chailley, professeur de colonisations comparées à l'Ecole des Sciences Politiques.

L'Union Coloniale publie la *Quinzaine Coloniale* contenant de nombreux articles sur les problèmes les plus divers de la colonisation.

Elle fait faire des conférences à Paris, en province, aux instituteurs, etc.

L'Union fait de la propagande en vue de la colonisation et donne des renseignements sur chaque colonie.

L'Union Coloniale a été reconnue d'utilité publique par décret après avis du Conseil d'Etat le 7 août 1904.

## L'Africaine

(*Revue de l'Afrique Latine.*)

C'est une publication mensuelle illustrée qui a atteint sa onzième année d'existence ; elle est l'organe de l'Association l'*Africaine* et du *Comité de propagande de l'Afrique Occidentale française.* Cette publication qui a pour directeur M. J.-L. Brunet est fort bien rédigée et constitue une œuvre de vulgarisation très intéressante.

## Bel (Jean-Marc).

M. Jean-Marc Bel, ingénieur civil des mines, ancien élève de l'Ecole polytechnique, explorateur, ingénieur conseil, a exposé une série de publications dont il est l'auteur et qui constituent une importante contribution à la bibliographie coloniale, notamment au point de vue minier.

Nous citerons parmi ces publications celles qui concernent les missions effectuées par M. Bel en Annam, au Laos et au Siam en 1893, 1895 et 1897 et ses études minières sur l'Indo-Chine.

Son *Aperçu sur les gîtes minéraux de l'Indo-Chine centrale* connus en 1897 est un des documents les plus complets sur les richesses du sous-sol de notre colonie asiatique. Son *Voyage minier au nord-ouest canadien* est une étude des plus intéressantes sur la mise en valeur de cette région américaine qui fascina quelque temps les capitalistes attirés par les mines d'or de tous les pays. L'opuscule sur la *Méthode américaine pour la formation des entreprises de mines, et son application à nos colonies* vient tout à fait à propos dans la Classe 117 et constitue un document précieux à consulter pour les mineurs coloniaux.

## E. Bernard.

M. Bernard, Eugène, publiciste-économiste, a exposé à Liége un mémoire sur *Les capitaux français dans les possessions coloniales de la France.*

Cet ouvrage est divisé en 6 parties :

1° Rôle des capitaux français dans nos possessions coloniales ;
2° Leur répartition en Afrique ;
3° Leur répartition en Asie ;
4° Leur répartition en Amérique ;
5° Leur répartition en Océanie ;
6° Conclusion.

Cette brochure, d'une documentation très précise, fait apparaître l'importance vraiment trop restreinte des placements français aux colonies.

## J.-L. Brunet.

M. Brunet expose les nombreuses œuvres par lesquelles il a manifesté son dévouement à la cause coloniale et son infatigable activité.

Fondateur de l'*Africaine* et du *Comité de propagande de l'Afrique Occidentale française*, M. J.-L. Brunet est encore directeur des périodiques suivants :

Les *Actualités Diplomatiques et Coloniales ;*
L'*Africaine ;*
La *Biographie Militaire et Coloniale ;*
Le *Courrier de l'Afrique Occidentale française ;*
La *Revue du Dahomey et dépendances.*

M. Brunet a également assuré et dirigé la publication d'une brochure concernant les *Colonies françaises à l'Exposition de Liége*, qui contient des notices fort bien faites sur nos diverses colonies et toute la documentation concernant le groupe XVIII.

On ne saurait accorder trop d'éloges aux efforts du secrétaire de la Classe 117 et aux résultats obtenus grâce à ces efforts.

## Bulletin de l'Alliance Française.

Le *Bulletin de l'Alliance Française* fut fondé en 1891. L'administration et la rédaction furent confiées alors à M. Foncin, inspecteur général de l'Instruction publique, secrétaire général de l'*Alliance Française*.

En 1895, le *Bulletin* paraissait tous les deux mois ; il devint trimestriel à partir de 1901. La direction du *Bulletin* est toujours confiée au secrétaire général de l'Association et la rédaction incombe au chef des services du secrétariat général.

Le *Bulletin*, qui est actuellement dans sa vingt-deuxième année, s'efforce de montrer non seulement la situation occupée par la Société dans les différents pays du monde, mais encore cherche à exposer les progrès ou les reculs que peut subir l'enseignement du français.

## Association Cotonnière Coloniale Française.

L'*Association Cotonnière Coloniale Française* compte aujourd'hui 650 membres. Les ressources annuelles de l'Association sont peu importantes, mais sans doute l'Association saura réaliser sous peu un effort unanime de tous les intéressés.

Le programme de l'Association porte, depuis deux ans qu'elle est fondée, sur les conditions de la culture du coton par les indigènes et l'introduction de variétés étrangères, puisées principalement parmi les variétés américaines ; sur les modes d'égrenage et de pressage ; sur les moyens de transport les plus économiques, et sur l'action spéciale à exercer dans celles de nos colonies où la culture du coton a été reconnue possible.

Cette action s'est exercée d'un côté par l'intermédiaire des fonctionnaires locaux, qui sous l'impulsion de MM. Roume, gouverneur général de l'Afrique Occidentale, Merlaud-Ponty, gouverneur du Haut Sénégal-Niger, Liotard, gouverneur du Dahomey, général Gallieni, gouverneur général de Madagascar, Beau, gouverneur général de l'Indo-Chine, ont consenti à l'œuvre de l'Association le concours précieux de leur autorité administrative.

L'action locale de l'Association s'est exercée aussi par l'intermédiaire de représentants directs associés à l'œuvre de l'Association et doués d'une grande expérience des indigènes ou des méthodes culturales, tels que :

MM. Quesnel, Jacquet et Bernard pour le Soudan ; M. Poisson pour le Dahomey ; M. Otten pour l'Algérie ; M. Premont pour Madagascar.

Les agents coloniaux de l'Association Cotonnière Coloniale ont pour tâche de parcourir les centres indigènes, d'expliquer aux chefs de villages les nouveaux procédés de culture et de récolte, de créer des champs d'essai, de diriger, surveiller et contrôler les premiers essais de culture indigène extensive, de distribuer des graines importées, d'organiser des centres d'égrenage et de pressage, d'installer les machines achetées par l'Association et de les mettre à la disposition des indigènes, d'étudier la question des transports.

Le *Bulletin de l'Association Cotonnière Coloniale* rend compte de tous les efforts tentés par l'Association et des résultats obtenus par elle.

## Bureau central des Associations de Presse

Le *Bulletin Officiel des Associations de Presse* est l'organe du *Bureau Central des Associations de Presse*, administration internationale permanente dont le siège est à Paris et qui, chaque année, prépare le Congrès international de la Presse.

Le 10e Congrès s'est tenu cette année à Liége. Tous les précédents, Bordeaux, Budapest, Stockolm, Lisbonne, Rome, Paris, Berne, Vienne ont été très solennellement ouverts par les souverains et chefs d'Etat. Il s'agit en effet d'une grande œuvre dont le *Bulletin Officiel des Associations de Presse*, fondé en 1899, est l'expression.

Le directeur du *Bulletin* est M. Victor Taunay, qui assume cette tâche avec un dévouement et une expérience universellement appréciés.

Le *Bulletin* a été honoré du grand prix collectif décerné à la Presse à l'Exposition de Hanoï,

## Bulletin de la Société de Géographie commereiale

Le *Bulletin de la Société de géographie commerciale* est l'organe de la Société de géographie commerciale.

Cette Société a été fondée en 1873 et reconnue d'utilité publique le 31 mai 1884.

Elle a été couronnée aux Congrès et aux Expositions de Venise, Lyon, Toulouse, Bordeaux, Marseille, Beauvais, Amsterdam, Nantes, Hanoï, Paris.

Elle est titulaire de la grande médaille Chaptal décernée par la Société d'encouragement à l'industrie nationale et a obtenu le diplôme de Grand Prix à l'Exposition de Bordeaux (1895), deux diplômes de Grand Prix à l'Exposition universelle de Paris (1900) et un Grand Prix à l'Exposition de Hanoï (1902).

Son but est de concourir au développement des entreprises commerciales de la France sur tous les points du globe, de propager les connaissances relatives à la géographie commerciale, d'encourager les voyages qui peuvent ouvrir de nouveaux débouchés, d'étudier les voies de communication existantes ou à créer, de signaler les richesses naturelles et les procédés manufacturiers utilisables par le commerce et l'industrie, de s'occuper de toutes les questions relatives à la colonisation et à l'émigration.

La Société établit une correspondance avec tous les groupes ou personnes qui peuvent éclairer ses études; elle publie ses travaux avec tous les documents qui s'y rattachent, dans son *Bulletin*.

Elle dispose d'un fonds social qui atteint actuellement 150.000 fr.

La Société récompense par des médailles, les travaux des explorateurs, savants, etc. Elle attribue des prix aux meilleurs élèves en géographie de certains collèges et écoles.

La Société compte à l'heure actuelle 400 membres fondateurs et 2.300 membres titulaires, sa bibliothèque est riche de plus de 8.000 volumes ou brochures.

Le président actuel est M. Anthoine, chef du Service de la Carte à l'Intérieur et son président d'honneur est M. Levasseur, administrateur du Collège de France.

M. Labbé est secrétaire général. Il a remplacé dans ces fonctions M. Gauthiot, mort en février 1905, après avoir été secrétaire général pendant 27 ans.

## Congrès coloniaux français

Le *Comité des Congrès coloniaux français*, qui s'est constitué en Société libre aux termes de la loi de 1901, a quatre années d'existence.

Son but est de fournir une propagande continue des choses coloniales actuelles, suffisante pour éclairer l'opinion, de réunir de tous les coloniaux français compétents un nombre de documents assez nombreux et précis pour pouvoir soumettre au Parlement la solution des questions en cours et enfin, comme meilleur moyen d'action, de provoquer à Paris la réunion de Congrès coloniaux annuels dont les vœux sont présentés aux pouvoirs publics et dont un Comité permanent poursuit la réalisation.

Trois Congrès ont été tenus en 1903, 1904, 1905 avec une publicité qui atteint aujourd'hui douze mille individualités coloniales susceptibles de s'intéresser aux choses coloniales.

Le Comité a été fondé par M. François Deloncle, qui a les fonctions de président et par M. Albert de Pouvourville qui a les fonctions de secrétaire général.

## La Dépêche Coloniale.

La *Dépêche Coloniale* quotidienne a été fondée en 1896. Son tirage quotidien est actuellement de 3.800 exemplaires. Ses abonnements sont au nombre de 2.800.

L'éloge de cet important organe n'est plus à faire. Les services qu'il a rendus depuis sa fondation sont considérables.

Il a vulgarisé toutes les questions coloniales et mis au courant des faits quotidiens de notre politique d'outre-mer, non seulement les particuliers qui s'intéressaient à cette politique, mais la presse métropolitaine tout entière.

Son distingué directeur, M. J.-P. Trouillet, a su réunir une pléiade de collaborateurs qui assurent au journal un intérêt qui ne se dément jamais.

## Direction du service de santé des colonies.

Ce service est dirigé par le Dr Kermorgant qui a exposé des ouvrages sur l'hygiène dans l'armée coloniale, sur la fièvre jaune, des instructions médicales pour les postes coloniaux dépourvus de médecins, et sur les précautions à prendre en pays chauds, ainsi que plusieurs albums et des graphiques de morbidité et de mortalité pour chaque colonie.

Le Dr Kermorgant est directeur des *Annales d'hygiène et de médecine coloniale* qui paraissent depuis huit ans.

Il a rendu les plus éminents services à la médecine coloniale qui s'honore à juste titre de ses nombreux travaux.

## Francis Dorvault.

M. *Dorvault* expose un fort intéressant ouvrage sur le régime de la main-d'œuvre aux colonies françaises qui est l'un des ouvrages les plus complets publiés sur cette matière.

## La France de Demain.

La *France de Demain* a été fondée en 1896 par l'explorateur Gabriel Bonvalot, aujourd'hui député de la Seine, qui en a toujours conservé la direction.

La *France de Demain* est l'organe du comité Dupleix; elle a paru mensuellement et sur format in-12, d'avril 1898 à mars 1904. Depuis cette dernière date elle est devenue bi-mensuelle, format in-8.

Cette revue s'occupe seulement de questions extérieures, de colonisation, de géographie et d'enseignement.

## La Giberne.

La *Giberne*, revue mensuelle rétrospective d'uniformes militaires français des troupes métropolitaines et coloniales, illustrée en noir et en couleurs, fut fondée le 1er février 1899 par le directeur actuel : Louis-Alexandre Fallou, qui a toujours été à la tête de la Revue comme directeur et rédacteur en chef.

La *Giberne* est une œuvre de vulgarisation de l'étude ardue des anciens uniformes portés par notre armée. Elle cherche à faire connaître également les tenues de nos troupes métropolitaines et coloniales actuelles par la publication d'un supplément mensuel illustré gratuit, envoyé à tous ceux qui se passionnent pour l'histoire militaire de notre pays. M. Fallou est l'auteur d'ouvrages militaires importants, tels que : *La Garde Impériale*, 1804-1815 ; *Nos Hussards*, 1692-1902 ; *L'Album de l'armée française*, 1700-1900 ; *La Garde Impériale*, 1804-1870 ; *La garde nationale*, 1789-1870, etc., ces deux derniers ouvrages en cours de publication.

## Arthur Girault.

M. *Girault*, professeur de droit à Poitiers, fut le premier qui enseigna la législation coloniale dans nos Facultés.

Les idées qu'il exprima pour la première fois dans son cours et qu'il développa dans ses ouvrages et dans divers congrès internationaux ont fait si bien leur chemin depuis, que quelques-unes sont devenues presque banales. Il n'en reste pas moins qu'on doit rendre hommage à cette utile innovation et au mérite de celui qui lui assura le succès.

Les *Principes de colonisation et de législation coloniale* sont aujourd'hui dans toutes les mains. Ils ont valu à leur auteur d'être élu membre associé en 1895, puis membre effectif, en 1899, de l'Institut colonial international.

## Le Cheikh J. Sanua Abou Naddara.

Le *Cheikh J. Sanua Abou Naddara*, interprète honoraire du Ministère des Postes et Télégraphes, président honoraire de plusieurs sociétés scientifiques et littéraires, etc., est directeur du journal l'*Abou Naddara* qu'il a fondé en 1877 et qu'il dirige depuis lors. Ce journal est publié en français et en arabe.

Il fonda également, en 1887, une revue illustrée, l'*Attawadod*, et en 1889 l'*Almonsef*.

## Journal d'Agriculture tropicale.

Le *Journal d'Agriculture tropicale*, publié par M. J. Vilbouchevich, a été fondé en 1901 et paraît mensuellement. Ce journal s'occupe des grandes cultures tropicales, cacao, café, thé, canne à sucre, tabac, caoutchouc, riz, vanille, oranger, poivre, coton, etc.

Il s'occupe aussi des plantes potagères et arbres fruitiers d'Europe qui peuvent intéresser les colons et parle parfois aussi de l'élevage aux colonies.

C'est une des publications concernant les cultures coloniales qui contient le plus de renseignements sur les essais faits dans les colonies étrangères et sur leurs résultats.

## Lorin.

M. *Lorin*, professeur de géographie coloniale à l'Université de Bordeaux, publie deux ouvrages couronnés par l'Institut de France. La compétence de M. Lorin en matière coloniale n'est plus à louer. L'éminent professeur figure au premier rang parmi les publicistes coloniaux et l'on n'en est plus à compter les services que sa plume a rendus à la cause coloniale.

M. Lorin a exposé :

1° « Le comte de Frontenac », qui est une étude sur le Canada Français, à la fin du XVIIe siècle ; il montre dans cet ouvrage comment le comte de Frontenac lutta au Canada contre les ordres religieux et particulièrement les Jésuites afin de faire du pays une vraie partie du royaume.

Rappelé en France, par suite des manœuvres de ses ennemis, il dut repartir au Canada pour sauver Québec des Anglais et rétablir le prestige français.

2° « L'Afrique à l'entrée du XXe siècle ». C'est un résumé de documents contemporains classés dans un ordre géographique ; c'est une étude de géographie économique et politique qui tend à expliquer les intérêts particuliers des diverses nations européennes qui ont participé au partage de l'Afrique. Cet ouvrage traite successivement des régions équatoriales, tropicales et désertiques, sans s'occuper des colonies anglaises de l'Afrique Australe. La lecture en est instructive pour quiconque désire se mettre au courant des problèmes que pose aujourd'hui la colonisation de l'Afrique.

Ces deux ouvrages ont été couronnés par l'Académie des Sciences morales et politiques, prix Audiffred, respectivement en 1897 et 1902.

## Midi colonial.

Ce journal hebdomadaire, qui date déjà de vingt-quatre années, consacre ses colonnes à tout ce qui concerne la marine, le commerce, l'industrie et l'agriculture aux colonies.

## J. Migeon

M. *J. Migeon*, membre de la Société de Géographie de Paris, membre de la Société de Géographie commerciale, ancien trésorier du Syndicat de la Presse Coloniale et de la Société coloniale des Beaux-Arts, est l'un des participants les plus actifs et les plus fidèles des Expositions coloniales.

Il expose à Liége : 1° un atlas illustré de géographie universelle contenant la géographie, l'administration, la statistique et les arts des différents pays.

2° Un atlas de la France et de ses colonies contenant 121 cartes ;

3° Un atlas français et des pays de protectorat.

Les cartes très bien faites et parfaitement gravées que contiennent ces atlas sont de plus accompagnées de textes explicatifs dont tout le monde appréciera la précision et l'intérêt.

## Recueil général de jurisprudence, de doctrine et de législation coloniales de la Tribune des Colonies et des Protectorats

Cette publication, qui paraît depuis quinze ans, rend d'importants services au monde colonial, fonctionnaires, magistrats, sociétés. Son objectif principal est d'améliorer la législation coloniale et de servir de guide aux juges civils, commerciaux et administratifs. Elle est dirigée par M. Penant qui a publié en même temps le *Répertoire de Droit colonial et maritime*, recueil synthétique et méthodique des onze premières années du Recueil périodique.

Cet ouvrage a été présenté au monde colonial par M. Etienne, ministre de l'Intérieur, et M. Ballot-Beaupré, premier président de la Cour de cassation.

La préface est de M. Dubreuil, procureur général de l'Indo-Chine.

Le recueil a obtenu une médaille d'or à l'Exposition de Paris (1900) et une autre à celle d'Hanoï (1903).

## Revuê Commerciale coloniale et Vinicole

Cette revue a été fondée à Bordeaux en juin 1899. M. René Charazenc en est le directeur. Elle est un organe économique, qui s'attache à vulgariser les questions se rapportant aux intérêts généraux de la France.

C'est l'organe officiel de plusieurs groupements, sociétés et associations économiques des régions du Sud-Ouest de la France, entre autres :

De l'Institut Colonial de Bordeaux (dépendant du ministère des Colonies) ;

De l'Association des Anciens Elèves de l'Ecole Supérieure de Commerce et d'Industrie ;

De la Société de Géographie de Bordeaux (Section coloniale et du Commerce extérieur);

De la Société de Défense et de Développement du Commerce et de l'Industrie de Bordeaux;

De l'Union syndicale des Négociants en vins de Bordeaux, etc.

## Révue Coloniale

La *Revue Coloniale* est une revue mensuelle due au ministère des Colonies. En 1895, elle a succédé au *Bulletin de l'Exposition permanente des Colonies* et n'a cessé de se perfectionner depuis son début.

Elle contient des documents, notices émanées le plus souvent de fonctionnaires envoyés en mission dans nos colonies et dont les impressions de voyage et les études constituent toujours une importante contribution à la documentation toujours trop brève du public sur les colonies.

Elle s'occupe également des découvertes géographiques et du mouvement économique de nos possessions.

Elle compte à l'heure actuelle environ 300 abonnés, mais est envoyée gratuitement à de nombreuses personnes; il suffit pour la recevoir d'en faire la demande qui est examinée par le ministère.

## Revue des Questions Diplomatiques et Coloniales

Cette Revue a été fondée en 1897 par M. Henri Pensa; elle est maintenant dirigée par un Comité de rédaction.

Le but de cette Revue est de traiter les questions de politique extérieure et de politique coloniale. Chaque numéro de la Revue contient des cartes, plans et graphiques.

## Revue Française

Fondée en 1885 par M. Edouard Marbeau, la *Revue Française* (de l'Etranger et des Colonies) a fusionné en 1887 avec l'*Exploration*, gazette géographique, dont elle a conservé le nom en sous-titre.

Elle a actuellement pour directeur M. Georges Demanche qui en fut dès l'origine le rédacteur en chef.

La *Revue Française* traite des questions coloniales, étrangères, géographiques, commerciales.

Sans caractère politique, son programme a surtout en vue la défense des intérêts français au dehors et la vulgarisation des questions coloniales en France.

## Syndicat de la Presse Coloniale

Le *Syndicat de la Presse Coloniale* a pour but de créer un lien professsionnel entre les publicistes coloniaux, de fonder à Paris une représentation permanente de ces publicistes, de défendre les intérêts professionnels de ses membres, de constituer au profit des membres titulaires professionnels et correspondants, une caisse de retraite et une caisse de secours en cas de maladie, de créer une caisse d'assistance au bénéfice des veuves et des orphelins.

Il est peu de Sociétés syndicales qui aient montré plus d'activité et rendu plus de services à ses membres que le Syndicat de la Presse Coloniale.

Le mérite en revient à son président, M. Paul Vivien; à ses vice-présidents, MM. V. Taunay, J.-Paul Trouillet, Rousson, J.-L. Brunet, P. Vibert, etc.

M. J.-L. Brunet est le délégué de l'Association à l'Exposition de Liége.

## Mission laïque française

La *Mission Laïque Française*, dont le délégué est M. L. Blocq, est une association pour la propagande de l'enseignement laïque aux colonies et à l'Etranger.

Elle publie la *Revue de l'Enseignement Colonial* qui paraît tous les deux mois.

Cette revue contient des articles sur l'enseignement laïque aux colonies, des monographies d'écoles, des actes et documents officiels du ministère des Colonies, un Bulletin des Colonies, le mouvement du personnel, les postes vacants, une revue des revues, etc.

Elle publie en outre les *Actes des Missions laïques françaises* et le *Bulletin des études de l'Ecole Jules-Ferry*. Elle n'a encore jamais pris part à une exposition.

## Société française d'émigration des Femmes

Cette Société a été créée par M^me^ Pégard en 1895 en vue de faciliter le placement des femmes pour nos colonies. Grâce à l'activité déployée par M^me^ Pégard, cette œuvre a pris rapidement une grande importance et les envois d'émigrantes ont été nombreux ; presque toutes ont bien réussi aux colonies.

Des œuvres de ce genre ne sauraient être trop encouragées.

DU VIVIER DE STREEL.

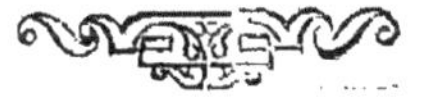

## Classe 117

*(2e Section : Protectorat)*

# PROCÉDÉS DE COLONISATION

MM.

CH.-L. DELAVAUD, *Président ;*

CH. BRICE, *Vice-Président ;*

EUG.-L. PRALON, *Secrétaire.*

G. WOLFROM, *Rapporteur.*

# CLASSE 117

(2^e SECTION : COLONIES)

---

# TUNISIE

Dans le Jardin d'Acclimatation de la ville de Liége, près d'un petit lac, dont les eaux reflètent la verdure des arbres, se dresse le pavillon de la Tunisie. Ce bâtiment qui occupe une surface de 160 mq. donne, grâce au talent de ses architectes (1), une image fidèle de l'art tunisien.

Le pavillon est flanqué d'un minaret d'une jolie silhouette élancée. La terrasse principale supporte une coupole, qui est surmontée d'un croissant et dont la blancheur éclate sur le bleu du ciel. Sur les murs extérieurs, outre les ouvertures à arc outrepassé et à colonnettes de l'art tunisien, se trouvent de-ci, de-là, quelques panneaux décoratifs, obtenus à l'aide de moulages en stuc, envoyés de Tunis.

La porte d'entrée, qui a la forme, classique en Tunisie, du fer à cheval et qui est ornée de deux gracieuses et fines colonnes, comporte deux vantaux de 4 mètres de haut, peints en vert, et chargés de têtes de clous, figurant des dessins variés. Cette porte donne accès à une grande salle, affectant la forme d'un T renversé, à l'instar des pièces arabes des riches maisons tunisiennes, avec deux petites chambres (maksourah), à droite et à gauche de la salle du fond, chambres dont les plafonds sont moins élevés que celui des salles voisines.

Faisant face à la porte d'entrée, dans la salle du fond, se détache, sur un joli tapis rouge, brodé or, le portrait de Son Altesse Mohamed, Bey, possesseur du royaume de Tunis, œuvre de M. Soler, photographe à Tunis.

Les murs de la grande salle et de la salle du fond sont blancs et à une certaine hauteur courent de hauts-reliefs d'arabesques en stuc

---

(1) M. Guy, architecte des Bâtiments civils à la direction des Travaux publics, à Tunis, auteur du projet.

M. Decron, architecte du ministère du Commerce, chargé de l'exécution et des travaux.

M. Lefebvre, architecte du ministère des Colonies, chargé de l'aménagement.

dont les tons rose et vert tendres s'harmonisent d'une manière très douce.

Tel est le cadre, éminemment tunisien, dans lequel se trouve l'Exposition de la Tunisie. La grande salle est le domaine des produits de l'agriculture et de l'industrie. La salle du fond est plus spécialement réservée à l'archéologie. La petite pièce de gauche renferme des spécimens de l'industrie indigène, celle de droite, des cartes, des statistiques, des graphiques, des plans, etc.

Avant d'aller plus loin, notons qu'il existe près de chaque série d'échantillons exposés, une petite carte de la Tunisie, sur laquelle les *li*eux de production sont teintés en rouge. C'est là une heureuse innovation, dont il faut louer le délégué du Gouvernement tunisien à l'Exposition de Liége, organisateur de la participation de la Régence, M. Hugon, directeur de l'Agriculture et du Commerce. Elle constitue un système, qui mériterait d'être employé dans toutes les Expositions et dans les Musées commerciaux, car il retient l'attention du visiteur et le renseigne sur l'origine de chaque objet.

## LE COMMERCE DE LA TUNISIE

A la fois artistique, pratique, économique et toute de couleur locale, l'Exposition Tunisienne atteste dès le premier coup d'œil, les progrès accomplis par la Régence depuis l'Exposition Universelle de Paris en 1900.

Le mouvement commercial de la Tunisie qui était en 1900 de 104.074.433 francs, a été en 1904 de 160.216.244 francs. Il y a dix ans, il était de 78.855.481 francs. Il a donc doublé pendant ce laps de temps.

*Les principaux articles de l'exportation* sont par ordre d'importance, comme valeurs représentées en francs : les *céréales*, les *phosphates*, les *animaux vivants*, les *poissons*, l'*alfa*, les *minerais* (de zinc et de plomb), les *huiles d'olive*, le *liège* et le *tan*, le *vin*, les *dattes*, les *peaux*, etc.

Voici d'ailleurs, par ordre alphabétique, l'importance de l'exportation de ces principaux produits en 1903 :

| | | | | | |
|---|---|---|---|---|---|
| Alfa | 3.408.610 | francs. | Légumes secs | 606.506 | francs. |
| Animaux vivants | 7.129.842 | — | Liège | 654.793 | — |
| Céréales | 27.503.342 | — (1) | Minerais de zinc | 3.806.600 | — |
| Dattes | 857.361 | — | — de plomb | 1.089.624 | — |
| Ecorces à tan | 1.394.295 | — | Peaux | 1.669.869 | — |
| Eponges | 1.623.019 | — | Phosphates | 8.987.412 | — |
| Feuilles de lentisque | 410.522 | — | Poissons | 1.087.986 | — |
| Huiles d'olive | 2.601.287 | — (2) | Vins | 1.350.078 | — (3) |

(1) La climatologie a été particulièrement favorable aux céréales en 1903.

(2) En 1903, la récolte d'olives a plutôt été médiocre. Le chiffre de l'exportation de l'huile en 1901 avait été de 5.388.174 francs.

(3) La vigne a donné en 1903 des rendements exceptionnels comme quantité et qualité.

Pour ceux qui ont suivi le développement économique de la Tunisie, ce sont là des résultats très favorables, et tous nos compatriotes qui ont contribué à cette activité peuvent s'applaudir des résultats obtenus dans l'accroissement de la production des céréales, des huiles d'olive, des légumes (des fèves en particulier) et dans l'augmentation de l'exportation des animaux vivants, des poissons, des minerais, des phosphates, etc.

La plupart de ces produits sont très bien représentés à l'Exposition de Liége. Pour les examiner, nous suivrons, autant que possible, l'ordre dans lequel ils se trouvent exposés.

## HUILES D'OLIVE. — SAVONS.

La Tunisie dut sa prospérité à l'époque romaine, aussi bien à la production des olives qu'à celle des céréales. Bien que le nord du pays soit très susceptible de produire de bonnes huiles d'olive, c'est la région du Sahel, avec Sousse et Sfax, qui se présente aujourd'hui comme le grand centre pour la production de l'olive. A l'époque de l'occupation française, les Sfaxiens avaient déjà 18.000 hectares d'oliviers en plein rapport ; aujourd'hui, grâce surtout à l'initiative prise, il y a une dizaine d'années, par M. Paul Bourde, qui a divulgué ce que l'on peut obtenir par la culture de l'olivier dans la région de Sfax, nous nous trouvons en présence de plus de 100.000 hectares, qui sont complantés en oliviers. Les huiles de Tunisie, bien fabriquées, par les procédés les plus perfectionnés, sont égales aux meilleures huiles d'Italie et de Provence. Nous en trouvons la preuve dans ce fait que ces huiles achetées par la France, qui est presque l'unique marché pour ce produit tunisien, sont, depuis longtemps, revendues, après coupage, comme huiles de Provence. L'huile de Tunisie, bien préparée, ne conserve qu'un léger parfum de fruit et la loi tunisienne a pris des mesures très sévères pour qu'elle ne soit pas mélangée à des huiles de graine, dont le prix est bien inférieur à celui de l'huile d'olive. La fabrication des huiles d'olive prend d'ailleurs un développement qui prouve également ce succès. Les Français de Sfax sont arrivés à créer des établissements considérables, qui représentent plusieurs millions de francs.

L'exposition des huiles d'olive, qui se signale à l'attention par la manière dont elle est disposée, occupe une place importante. Ces huiles sont bien présentées d'ailleurs dans des récipients pratiques, aux étiquettes agréables à l'œil. Les établissements qui ont tenu à faire figurer leurs produits sont les suivants :

BÉNA ET Cie ET UNION DES PROPRIÉTAIRES DE SFAX. — La maison Béna est d'origine lyonnaise et s'est établie à Sfax en 1890. Son usine à vapeur pour la fabrication de l'huile date de 1893.

L'*Union des Propriétaires de Sfax* comprend un certain nombre de colons français de Sfax, concessionnaires de domaines de l'Etat et dont les oliviers couvrent une surface de 17.000 hectares. Elle est associée à M. Béna pour la vente des produits. Sa fabrication journalière est de 5.000 kilogrammes. L'exposition de ses huiles se présente bien. Les récipients et les étiquettes sont soignés. L'Union fait connaître dans un prospectus, qui est mis à la disposition des visiteurs, qu'elle expédie des colis postaux (estagnons) de 5 à 10 kilogrammes, très pratiques, des bonbonnes de 5, 10, 15 kilogrammes jusqu'à 30 kilogrammes et des fûts de 50 à 500 kilogrammes. Ce sont, d'ailleurs là, les méthodes d'envoi généralement adoptées en Tunisie. L'Union des Propriétaires de Sfax fait aussi figurer des *dattes*, dans des boîtes très pratiques, les fruits étant recouverts d'une mince feuille de mica. M. Béna et l'Union des Propriétaires de Sfax ont obtenu, entre autres récompenses, dans les Expositions, deux médailles d'or et deux médailles d'argent à l'Exposition Universelle de 1900.

COMPAGNIE BELGO-TUNISIENNE D'AOUSDJA. — Cette compagnie possède près de Bizerte deux huileries, l'une à Aousdja, l'autre à El Alia. Son domaine comprend 35.000 oliviers environ. Elle peut travailler 25.000 kilogrammes d'olives par jour. Elle expose des bouteilles et des estagnons d'huile d'olive dont l'ensemble produit un très bon effet.

Ont également exposé des échantillons de leurs huiles d'olive en bouteilles : EPINAT ET NOVAK (de Mahdia), très importante et ancienne maison, inventeur du « broyeur-dénoyauteur » pour huiles extrafines. MM. Epinat et Novak ont eu plusieurs récompenses dans les expositions, notamment une médaille d'or en 1900. MEDINA (GABRIEL DE S.) à Monastir, maison fondée en 1878. Son domaine d'Henchir Saïd comprend plus de 6.000 oliviers. Elle vend directement aux consommateurs. (Hors concours à Chicago en 1893, elle a eu une médaille d'or à l'Exposition de Paris en 1900). ELIA GANDUS ou HUILERIES EUROPÉENNES, à Tunis ; ELIE GANEM, à Djemal ; ALFRED SCICLUNA, à Sousse ; J. SBERRO, à Tunis (Médaille de bronze en 1900) ; BOUTBOUL (DAVID), à Monastir (Médaille de bronze en 1900), expose également du *savon*, genre de celui de Marseille. La fabrication de ce produit a depuis longtemps une importance considérable dans le Sahel. Elle peut encore se développer, car l'on trouve en Tunisie toutes les matières premières qui lui sont nécessaires ; SOCIÉTÉ OLÉICOLE DE SFAX, créée en 1888, ses usines peuvent fabriquer 3.000 kilogrammes d'huile par jour (Médaille d'argent en 1900) ; MONTASSIER, à Mahdia, a obtenu une médaille d'argent en 1900 ; ARTÈSE XAVIER ET $C^{ie}$, à Sousse ; CHARLES BESSIS, à Sfax et à Sousse (Médaille d'or en 1900).

Enfin GENEVAY (ZACHARIE), dont les épiceries installées dans les différentes villes de Tunisie sont très connues et très appréciées, expose de beaux échantillons de conserves d'*olives vertes* et d'*olives noires* de Grombalia et de Zaghouan. Il faut souhaiter que ce fruit devienne un nouvel élément de l'exportation tunisienne, ainsi que les *câpres*, dont M. Genevay présente également un bocal d'échantillons. Ce sont là d'intéressantes tentatives. (Diverses récompenses, dont médaille d'or en 1900).

## CONSERVES DE SARDINES

La Société franco-tunisienne, commerciale, industrielle et agricole (Siège social à Paris, 11 *bis*, rue de Beaujolais), qui expose des boîtes de conserves de sardines, est installée à Tabarka depuis un an environ ; elle occupe déjà 55 pêcheurs, et dans ses locaux qui couvrent 2,000 mètres carrés environ, 35 ouvriers et 90 ouvrières. On ne peut que féliciter cette Société de son entreprise et souhaiter que « Les Capturées » deviennent rapidement une marque connue.

## VINS ET EAUX-DE-VIE

Les vins occupent la première place à l'exposition tunisienne. Les colons français ont tenu à y faire figurer un grand nombre de leurs produits, si justement appréciés en France, et à prouver que cette branche de l'activité a continué à se développer en Tunisie.

L'étendue des vignobles, qui était en 1900 de 11.400 hectares, s'élevait en 1903 à 14.240 hectares et en 1904 à 15.773 hectares, produisant plus de 300.000 hectolitres.

Les plants, qui ont été importés dans la Régence, sont en général parmi les cépages rouges : le carignan, le mourvèdre, le morastel, le cinsault. Le petit bouschet entre également dans la composition d'un grand nombre de vignobles. On rencontre aussi le cabernet et le pineau. Les raisins blancs sont : la clairette, l'ugni blanc, le piquepoul, la folle blanche. Il y a des vins blancs de qualité vraiment supérieure, bien faits et d'un goût très agréable.

Les vins de Tunisie supportent parfaitement le transport par mer, sans qu'il soit besoin de précautions spéciales. Ils dosent de 9 à 11° 1/2 d'alcool. Ils n'ont donc pas besoin d'être alcoolisés.

La Tunisie produit, en outre, des mistelles et des vins liquoreux. Les *vins de liqueur* obtenus avec des muscats, des clairettes et des cépages de Marsala sont des plus réussis et n'ont rien à envier aux vins de Samos, auxquels ils ressemblent par le goût et la couleur. On les appelle souvent du terme générique de « vins de Carthage », mais ce sont des *vins Muscats*, qui, comme vins de dessert, sont de plus en plus appréciés en France.

L'exposition la plus importante est celle de M. Prouvost (Edouard), de M'Rira, qui a tenu à faire figurer une grande quantité de spécimens des différents vins rouge, blanc, muscat, qu'il récolte sur son domaine. Les principaux crus sont ceux du clos Saint-Christophe, du clos Sedjoumi, du clos Saint-Cyprien. Ces échantillons sont accompagnés de plans et de photographies qui donnent une idée de l'importance du domaine de M'Rira. Créé il y a 16 ans par le propriétaire à 10 kilomètres de Tunis, ce domaine a 2.000 hectares, sur lesquels M. Prouvost a installé de nombreux petits fermiers, défriché 200 hectares pour les céréales, fait des plantations d'arbres fruitiers, planté un vignoble de 165 hectares, une orangerie, etc. Le domaine est aujourd'hui le centre d'une population de 500 personnes.

Plusieurs récompenses, dont en 1900 : 1 diplôme d'honneur, 1 médaille d'or, 1 grand prix.

Très importante également, l'exposition des vins blanc et rouge et muscats du *Domaine de Zayana et de Ben Mé*, propriété de M. le colonel TOUTÉE (GEORGES-JOSEPH), près Grombalia. M. le colonel Toutée (nombreuses récompenses dans les expositions, médaille d'or en 1900) a su aussi présenter, en même temps que ses produits, un intéressant tableau représentant les résultats qu'il a obtenus, sur ses terres, par le système du métayage direct, où 36 métayers ont complanté et cultivent 201 hectares de vigne.

Les produits de l'important domaine de Mme LAGRENÉE, NÉE RIDEL, à Chaouat, sont représentés par de l'ugny blanc, du muscat, du clos Chaouat et par de la fine champagne. Mme Lagrenée possède 104 hectares de vignes sur ses 1.200 hectares, sur lesquels elle cultive aussi des céréales, fait de l'élevage et emploie un personnel très nombreux d'Européens. Mme Lagrenée a obtenu, à l'Exposition universelle de 1900, 2 médailles d'or et 1 médaille d'argent.

Ce sont aussi des vins rouge et blanc, ainsi que des eaux-de-vie, qu'ont envoyés M. CRÉTÉ (MAURICE) et la SOCIÉTÉ DES DOMAINES DE PROTVILLE. Les domaines de Crétéville, sis à 22 kilomètres de Tunis, appartenant à la Société de ce nom, ont été créés en 1883, par M. Crété, ancien officier de cavalerie. La superficie atteint 700 hectares, renfermant 250 hectares de vignes, des céréales, des carrières, des pépinières d'arbres fruitiers, etc. L'initiative de M. Crété a provoqué la création du domaine de Protville, dont il est administrateur. Ce domaine, qui se trouve à 25 kilomètres de Tunis, possède 200 hectares de vignes. Membre du Jury en 1900, M. Crété s'est vu attribuer pour les domaines dont il est le promoteur, 28 médailles d'or et 52 médailles d'argent et de bronze dans les diverses expositions universelles, concours agricoles et expositions diverses.

MM. G. et E. LICARI, à Tunis, ont exposé des vins rouge et blanc de leurs domaines. Propriétaires des marques Amer et Fernet Licari, ils possèdent, dans leurs propriétés de la Manouba (Bellevue) et du Djebel Ahmar, 170 hectares de vignes (2 médailles d'or en 1900) ; PENET (LÉON), au Mornag, vins rouge et blanc du domaine de Sidi bou Mel ; DJILANI MARCHANT, au Mornag, vins blanc et rouge et eaux-de-vie de marc de son domaine de Ksar el Abeul ; BILLY ET BAUDOT, à la Manouba, près Tunis, ont comme les précédents une importante exposition de vins blanc et rouge. Leur domaine, fondé il y a 14 ans, renferme 52 hectares de vignes. Ont également exposé des vins et tous ceux qui s'intéressent à la Tunisie les loueront de cet effort : MM. HUMBERT GUYOT ET Cie, à Belli, près Grombalia, où cette Société a créé, il y a moins de 7 ans, un domaine qui compte aujourd'hui 150 hectares de vignes (plusieurs médailles dans les expositions) ; BENETT (FRANKLIN-WILLIAM), au Khanguet el Hadjadj, expose le clos Mouchelelik ; AUBRY ET COANET, à Ras Tabia, possèdent, aux portes de Tunis, un important domaine de 70 hectares de vignes (plusieurs récompenses dans les expositions, Anvers, Paris, St-Louis) ; HOMBERGER (AUGUSTE), à Oued el Abid, est propriétaire de l'un des plus importants domaines du Nord de la Tunisie comme étendue, 6.500 hectares, renfermant des pâturages, des céréales et 60 hectares de vigne (plusieurs récompenses dans les expositions) ; KRAYENBUHL (JULES), à Aïn el Asker possède un domaine de 500 hectares, dont 28 hectares en vignobles (médaille de bronze en 1900); DUCROQUET (LAURENT FÉLIX), à Oudna, dont nous reparlerons plus loin (vin rouge) ; BORDA (JEAN), à Nabeul (vin rouge), dont la petite propriété de Nabeul est remarquablement tenue.

Les efforts continuellemen faits par ces exposants et par tous ceux qui, comme eux, s'adonnent en Tunisie à la culture de la vigne, méritent d'être couronnés de succès. Il est grand temps que l'on réagisse en France contre le discrédit que les vins fabriqués ont jeté sur les vins naturels, que chantèrent nos pères et dont les bienfaits sont incontestables. Nous aurions, dans ces conditions, mauvaise grâce à ne pas citer le vin exposé par M. ARON GUETTAH, de Sfax, et qui serait souverain, aux dires de l'étiquette, contre les hématuries.

L'exposition des vins est heureusement complétée par un graphique établi par la *Direction de l'Agriculture et du Commerce*, qui indique les progrès de la production et de l'exportation des vins de Tunisie.

## CÉRÉALES ET AUTRES PRODUITS DU SOL

Les *céréales* tiennent la première place parmi les productions de la Tunisie, pays essentiellement agricole. Pour fixer les idées sur la valeur de ces produits, nous citerons des chiffres se rapportant aux deux années 1903 et 1904 ; la première de ces deux années ayant été particulièrement favorisée au point de vue des récoltes et la seconde ayant été inférieure à la moyenne, par suite de la sécheresse.

Les surfaces emblavées ont été :

En 1903, de 457.871 hectares pour le *blé* et de 578.888 hectares pour *l'orge*.

En 1904, de 493.615 hectares pour le *blé* et de 482.658 hectares pour *l'orge*.

En 1904, les surfaces qui produisirent furent, par suite de la sécheresse, de 336,167 hectares pour le blé et de 348.835 hectares pour l'orge.

Les surfaces ensemencées en *avoine* ont été, en 1904, de 48.181 hectares ; en *maïs* et en *sorgho*, de 11.240 hectares.

En 1903, les exportations totales de céréales avaient été de 27.503.342 francs contre 7.889.274 francs en 1902 et 21.043.632 francs en 1890. Toutefois, en 1903, les causes climatériques ne furent pas seules à expliquer l'accroissement exceptionnel des exportations d'orge, vingt fois supérieures à celles de 1902. On en trouve une autre raison dans l'extension qu'a prise, en France, dans les régions du Nord et de l'Est plus particulièrement, l'industrie de la brasserie. Les *orges* tunisiennes, généralement très blanches, très propres à la fabrication de la bière, se sont peu à peu fait connaître et apprécier sur le marché national où, en 1903, elles ont constitué la moitié des importations totales françaises en orge. La brasserie anglaise commence aussi à se fournir d'orge en Tunisie. Ce sont là des constatations dont la Régence a lieu d'être satisfaite.

La culture de l'*avoine* augmente également, cette céréale réussissant bien dans tous les terrains, et les indigènes, eux-mêmes, en tirant maintenant parti pour l'alimentation de leur bétail.

Parmi les autres produits du sol, citons les *fèves*, qui ont couvert une surface de 20.000 hectares en 1903, et qui peuvent trouver sur les marchés français et européens un vaste débouché. L'exportation de ce produit s'est chiffré par 593.161 francs représentant 4 millions 943.009 kilogrammes (1).

La partie de droite de la grande salle est exclusivement réservée aux céréales, aux graisses et aux fruits.

L'ECOLE COLONIALE D'AGRICULTURE de Tunis a fait une exposition très réussie et très intéressante. Cette école, fondée en 1898 par M. Dybowski, qui était alors directeur du Commerce et de l'Industrie en Tunisie, a pour but de fournir aux futurs colons les connaissances nécessaires pour se livrer à la pratique de l'agriculture dans nos colonies. La cinquième promotion, sortie en juillet 1904, comprenait 19 élèves. A la suite du concours d'admission, 33 élèves sont entrés en première année.

En application des dispositions du décret du 16 décembre 1903, suivant lesquelles les élèves diplômés de l'Ecole depuis moins de cinq ans jouissent, en matière d'achat de terres de colonisation, d'un droit de préemption, 17 anciens élèves se sont rendus acquéreurs de lots domaniaux en 1904. D'autres se sont installés sur des propriétés privées, soit comme propriétaires ou locataires, soit comme stagiaires, dans le but de compléter leur instruction agricole pratique.

L'Ecole coloniale d'Agriculture a exposé un grand panneau d'échantillons de *céréales*, de *plantes industrielles* et *fourragères* (lin, fenu grec, blé, moutarde, luzerne, pois, gesse, etc.), le tout étiqueté d'une manière très pratique. Cette intéressante exposition est accompagnée de tableaux de photographies de l'Ecole elle-même, bien faites pour propager la connaissance de l'existence de cet établissement et de ce qu'on y enseigne, ainsi que d'*outils en fer et en bois*, spécimen du travail des élèves et de la FERME-ÉCOLE de Tunis.

LA DIRECTION DE L'AGRICULTURE ET DU COMMERCE, dont relève l'Ecole coloniale d'Agriculture, a présenté d'une manière très instructive les principaux produits de la terre tunisienne, tels que :

*Maïs*, *blé dur*, *fèves*, *orge*, *sorgho blanc* (drâ), *sorgho sucré* (drâ bechera), *avoine*, *pois chiche* (hamess), *cumin* (kemmoun), *coriandre* (berbess), *fenouil* (tabeul), *lin* (kten), fenu grec (holba), le tout dans des sacs, de manière à permettre au visiteur qui s'y connaît de se rendre compte par le toucher de la qualité des produits. A côté de cette importante exposition, la Direction de l'Agriculture et du Commerce présente des *laines teintes* et *non teintes*, ainsi que des *dattes*, mises en boîtes pour colis postaux et dont l'espèce, provenant du

---

(1) Pour les *animaux vivants*, le courant d'exportation se fait de plus en plus intense chaque année. Il a été en 1903 de 7.129.842 francs contre 5.304.960 francs en 1902; l'accroissement porte principalement sur les *ovins*. Les animaux domestiques sont : les *bœufs*, les *moutons*, les *chèvres*, les *porcs*, les *chameaux*, les *chevaux*, les *mulets*, les *ânes*. L'exportation des chèvres et des porcs est en augmentation.

Rappelons que les *peaux* et *dépouilles* d'animaux sont aussi d'importants produits de vente. Il serait à désirer qu'une bonne fabrique de cuirs s'installât en Tunisie.

Djerid tunisien, est à juste titre universellement réputée. Tout cet ensemble de produits est accompagné de *graphiques*, indiquant la progression de la production des huiles d'olive, de l'avoine, du maïs, du blé, de l'orge, etc; de *cartes économiques*, de *documents de colonisation*.

La Direction de l'Agriculture et du Commerce a réellement fait une exposition des plus complètes et des plus intéressantes et il y a lieu de la féliciter hautement du concours qu'elle a ainsi apporté à l'initiative privée, qui s'est d'ailleurs particulièrement signalée.

C'est ainsi que M. ANDRÉ JOSEPH GOUNOT (à Badrouna, près Souk-el-Khemis), ancien élève de l'Ecole coloniale d'Agriculture de Tunis, a su très bien présenter, dans de petits sacs, des échantillons d'orge, d'avoine, de fèves, de féveroles, de moutarde blanche, etc., provenant de son domaine de création récente, mais dont les 410 hectares promettent de beaux rendements.

Il en est de même de l'exposition de M. MAURICE CRÉTÉ, ce colon de la première heure, dont les procédés d'enseignement agricole retiennent l'attention et qui a fait figurer des échantillons de blé, maïs, orge, vesce, etc., provenant de Crétéville et de Protville, ainsi que du *coton*. Ce dernier essai est plein d'intérêt et ses conséquences peuvent être capitales pour la Tunisie, car nul n'ignore les efforts que l'on fait en France pour se procurer du coton dans nos colonies françaises.

Signalons également les échantillons d'*artichauts* et d'*asperges* de la Direction de l'Agriculture et l'exposition de M. PROUVOST, de M'Rira (spécimens de céréales, photographies, tableaux); de MM. GUYOT ET CIE, de Belli. Notons que MM. BESSIS, de Sousse; TRIMOUILLAS, de Sfax, où ce colon a créé un domaine de 300 hectares; FÉLIX DUCROQUET, à Oudna, ont envoyé, outre leurs *graines*, des spécimens d'*amandes*, cet autre produit que la Tunisie aurait tout intérêt à exporter en grande quantité.

Citons aussi, comme article que l'on voit figurer avec plaisir, espérant qu'il y a là un avenir pour le pays, des *cocons de ver à soie*, envoyés par M. GOUNOT, de Badrouna. La possibilité d'entreprendre l'élevage du ver à soie sur les Hauts-Plateaux a été démontrée, et à Djerba les éducations sont complétées par des leçons pratiques dans les écoles. Nommons encore MM. HOMBERGER (AUG.) (blé), BOULAKIA et CH. BESSIS qui, comme M. GOUNOT, ont exposé des échantillons de *laine*.

### MIEL ET CIRE

Il nous est agréable de nommer tout d'abord, parmi les exposants de ces produits, M. F. DUCROQUET, à Oudna, ce jeune et actif colon, qui un des premiers s'est occupé sérieusement de la production de cette utile substance qu'est le *miel*, et est l'un des fondateurs de la *Société d'Apiculture* de Tunisie. L'exposition de *miel* et de *cire* (jaune et pâle) qu'il présente est complétée par un modèle de ruche d'observation, en usage sur son important domaine de 600 hectares. M. GENILLON, de Tunis, a envoyé à l'Exposition du *miel vierge* en boîtes de conserve, en provenance de sa propriété de « Sans-Souci ». L'emploi de cette sorte de récipient semble pratique. M. CH. BESSIS (un bloc de cire jaune).

### PRODUITS DES FORÊTS

Les forêts de la Régence couvrent une superficie d'environ 500.000 hectares. Les groupes les plus importants sont ceux de Kroumirie et des Nefzas. Les *chênes-liège* occupent une superficie de 82.000 hectares. L'écorce de ces arbres est de belle qualité. L'exportation du *liège* a été, en 1903, de 654.793 francs (2.649.171 kilog.) contre 474.433 en 1902. L'Algérie est le principal importateur du liège tunisien. L'exportation des *écorces à tan*, qui vont en Italie et en Portugal, représente une valeur de plus d'un million de francs.

La Direction des Forêts (1), qui s'occupe avec autant de méthode que de labeur de l'exploitation des forêts et du reboisement des montagnes, lutte, avec non moins de succès, au moyen de la fixation des dunes, contre l'envahissement des oasis par le sable.

L'exposition faite par cette Direction est une partie de l'exposition de la Direction de l'Agriculture et du Commerce, de qui le Service des forêts relève administrativement. Elle consiste en *plaques de liège*, *rondelles de chêne zéen*, *liège mâle*, *écorces à tan* de chêne-liège, et le visiteur peut se rendre compte, en même temps, de l'étendue et de la situation du domaine forestier, par la carte qu'expose le service en question. Les travaux contre l'envahissement des oasis par le sable sont rendus compréhensibles par des photographies. On s'en rend encore mieux compte, d'ailleurs, en examinant le remarquable *plan en relief* de l'oasis de Nefta. Le Ministre des Colonies, au cours de sa visite au pavillon tunisien, s'est longuement arrêté devant ce petit chef-d'œuvre.

### ALFA

L'*alfa* est un des principaux produits de l'exportation tunisienne. En 1903, il en a été exporté pour 3.408.610 francs, soit 34.086 tonnes. L'Angleterre est le grand marché importateur. La SOCIÉTÉ CIVILE DES ALFAS DE FERMENTATION (H. de Montessus), à Tunis, de fondation récente, s'occupe de la préparation sur place des pâtes pour la fabrication du papier, elle a exposé de l'*alfa brut et fermenté*, de la *pâte à papier blanche et écrue*, du *papier d'alfa*. Même exposition faite par MM. BONBY et DEISS, de Sousse, qui emploient d'autres procédés de fabrication utilisant l'alfa encore vert.

Comme autre exposant de ce produit, M. CHARLES BESSIS (Sousse et Sfax) fait figurer des coussins, liens, couffins et filets en alfa.

L'art de la *vannerie* est encore représenté par un *éventail* envoyé par M. GUETTAH (Aron), de Sfax.

De son côté, la Direction de l'Agriculture et du Commerce a exposé des *cordes*, *liens*, etc., en *poils de chameau* et en *agave*.

### PRODUITS DE LA PÊCHE

Cette industrie représente environ 4 millions de francs à l'exportation, en *poissons frais* et *autres*, soit pour les *thons* plus d'un mil-

(1) M. Bastien, directeur.

lion, certaines années, et pour les *poissons frais* 700.000 francs. Les *éponges* figurent à l'exportation pour un million et demi de francs. Le principal débouché est toujours la France, mais l'Italie, la Belgique et la Grèce apprécient de plus en plus les éponges tunisiennes.

Il eût été intéressant de voir représentées à l'Exposition de Liége les plus importantes pêcheries tunisiennes : la Thonaire de Sidi-Daoud, la Compagnie du Port de Bizerte, celle de Monastir, celle du Lac de Tunis (Pêcheurs réunis), les Pêcheurs d'éponge de Sfax, etc. Seule, la *Direction de l'Agriculture et du Commerce* présente des spécimens d'*éponges naturelles* et d'*éponges lavées*, ainsi que la *carte* des lieux de production (Sfax principalement).

M. Ch. Bessis présente un spécimen de *poulpe* dont les Grecs sont si friands, et M. Gozlan, de Sfax, des *os de seiches* et diverses herbes.

## SEL

L'exportation de cette substance, qui a été de 72.016 francs en 1903, n'est certainement qu'à ses débuts, la Tunisie est appelée à en fournir de plus en plus aux marchés européens et autres. La configuration de ses côtes lui permettra de servir du sel à tous les pays septentrionaux de notre continent.

La Société des Salines de mer (Demange père et fils), à Sousse, créée en 1904, au capital de 2 millions, concessionnaire des salines de Ras Dimas, de Kniss et des îles Kerkennah, représentant une superficie de 35.000 hectares, a fait un intéressant envoi d'échantillons de sels numérotés de 1 à 6, suivant la grosseur du grain, ainsi que des plans et photographies des salines.

## CÉRAMIQUE

En ce qui concerne l'industrie, nous remarquons tout d'abord dans les envois de *poterie* de M. Tissier, de Nabeul, un heureux essai de rénovation de l'art de la céramique, cet art dont l'introduction en Tunisie remonte à la plus haute antiquité.

La poterie de Nabeul de fabrication indigène, dirigée par une famille française, est représentée par une belle exposition de plats, vases, tasses, etc., dans les tons bleus, jaunes, verts, noirs, vernissés, du plus bel effet. Si la qualité de la pâte répond à la gracieuseté des formes, on ne peut que louer l'exposant de son entreprise très intéressante et lui souhaiter un grand succès. (Médaille de bronze en 1900.)

## BRIQUETERIE

Cette industrie a pris une rapide extension, dès le début de l'occupation française. Tunis possède de grandes briqueteries mécaniques dont les produits sont utilisés sur place et dans les régions voisines. M. Ménage a exposé une *brique* creuse, en céramique poreuse, qui est le résultat d'un mélange d'argile très plastique de Monastir avec une algue marine, nommée « Pausidonia Caulini ». M. Ménage a d'ailleurs un brevet pour ce genre de fabrication.

## PARFUMERIE

La distillerie des fleurs a toujours été pratiquée par les indigènes, qui apprécient fort les parfums, et nous sommes heureux de nous trouver, à l'exposition, en présence d'un intéressant essai de fabrication de parfums sur une grande échelle, présenté par la maison CAMILLERI HECTOR, de Tunis. Cette maison expose toute une série d'essences, parfums, extraits, eaux de toilette, lotions, etc., appropriés au goût des Européens. Souhaitons à M. Lafont, le promoteur de cette industrie, pleine réussite.

## CARROSSERIE

Cette industrie, qui fait vivre un assez grand nombre d'ouvriers à Tunis, où la carrosserie est d'ailleurs bien fabriquée, est représentée par un panneau d'*accessoires de voitures* en bronze et nickel, envoyé par MM. NIZARD FRÈRES, de Tunis. (Plusieurs récompenses dans les expositions tunisiennes.)

## ART PHOTOGRAPHIQUE

La photographie ne perd jamais ses droits, MM. DECONCLOIT et VALENSI ont envoyé, chacun de son côté, des photographies très artistiques de vues et de types tunisiens. M. Deconcloit, dont nous retrouverons le nom plus loin, est l'auteur de «séries» fort gracieuses. M. Valensi, directeur des services administratifs de la municipalité de Tunis, bien que photographe amateur, n'en est d'ailleurs pas à son premier succès. Nous citerons aussi la grande et belle photographie de M. SOLER, représentant le panorama de la ville de Tunis. Nous saisissons cette occasion pour rappeler qu'en Tunisie, on fait marcher l'art d'accord avec la culture et l'industrie. Le « Salon » tunisien compte déjà plusieurs années d'existence.

## INDUSTRIE EXTRACTIVE

C'est encore là une des grandes richesses de la Régence. Elle consiste principalement en *minerais de zinc* et de *plomb*, en *phosphates de chaux*, *pierre à chaux* et *marbres*.

Il y a une exposition, pleine d'instruction, des principaux spécimens de ces produits.

## MINES ET CARRIÈRES

### A. *Minerais.*

Voici d'abord, accompagnés de photographies de l'Exploitation, les échantillons de *minerais* envoyés par la SOCIÉTÉ DES MINES DU DJEBEL RESSAS (près Tunis), la plus ancienne Société concessionnaire de mines en Tunisie, à laquelle de nouveaux éléments de direction ont apporté depuis 1900 un regain d'activité. Les installations sont importantes, elles comportent des usines à broyer le minerai, des laveries, etc. Les échantillons exposés consistent en *carbonate de zinc*, *blende* (notamment la blende jaune, qui est la plus pure), *hydrocarbure de zinc*, *calamine* (ou silicate de zinc), avec des étiquettes qui indiquent la proportion du métal et des bocaux contenant la calamine dans ses différents états de traitement industriel. (Médaille d'argent en 1900.)

B. *Phosphates de chaux.*

La découverte des phosphates de chaux de l'Afrique du Nord, pressentie en 1878 par J. Tissot, chef des mines du département de Constantine, est due à M. Ph. Thomas, vétérinaire de l'armée. C'est en 1885 que M. Thomas découvrit les riches gisements du Djebel Seldja. La concession de ces gisements et de ceux du Metlaoui a été accordée définitivement en 1896 à la Compagnie des Phosphates et des Chemins de fer de Gafsa. Concessionnaire pour 50 années, fondée au capital de 18 millions, la Compagnie a créé : 1° sans subside du Gouvernement, un chemin de fer de 243 kilomètres reliant Sfax, Gafsa, Metlaoui ; 2° d'importantes plantations sur le domaine agricole de 30.000 hectares que lui a attribué le décret de concession ; 3° un centre d'exploitation et d'administration, maisons ouvrières, etc., à Metlaoui qui compte aujourd'hui une population européenne et indigène de plus de 2.000 personnes. La production des phosphates a doublé de 1901 à 1903. L'exportation a été en 1904 de 450.000 tonnes, représentant plus de 10 millions de francs, dont le tiers est expédié en France, et le surplus en Angleterre, en Italie et en Allemagne.

Les spécimens de phosphate envoyés par la Compagnie des Phosphates de Gafsa consistent en blocs contenant de 50 à 55 0/0 de phosphate.

La Société de la Mine du Dyr, dont le siège est à Morsott (Algérie), où elle a une exploitation fort importante, est concessionnaire depuis 1900 des gisements domaniaux de Kalaat es Senam, près du Kef ; actuellement en cours d'installation, cette Compagnie a envoyé des échantillons de phosphate et des photographies de la Kalaâ.

## INDUSTRIE D'ART TUNISIENNE

La Direction de l'Agriculture et du Commerce a exposé, en une très grande vitrine, toute une collection de *vêtements brodés* d'homme et de femme, ainsi que d'autres spécimens de l'industrie tunisienne, tels que : *chechias*, *savates*, *articles de bijouterie*, *coffrets et bracelets en argent*, *boîtes à parfum*, *bijoux de Djerba*. Par ailleurs ce sont : des *djebbas*, des *porte-coran* et des *coffres* en bois et nacre incrustée, d'un très bon goût, des *tables* et *étagères* peintes, d'un goût moins sûr, mais faisant penser agréablement aux travaux du si pittoresque Souk el Blatt ; des *sacs à grains*, des *burnous*, des *tapis de Kairouan*, dont il faut souhaiter une prochaine rénovation par une meilleure direction dans le choix des dessins, des tons et de la qualité de la laine, enfin, une très belle *selle* de caïd, dont les broderies en or ne seraient pas mieux exécutées par des ouvriers européens et dont le ton de cuir est exquis.

Nous remarquons, d'autre part, des *panneaux* et *nakach* en stuc, produits d'un art délicat et gracieux, qu'il y a lieu de continuer à encourager.

M. Chadli ben Hassen a envoyé, de son côté, des spécimens d'*objets en cuir brodés soie* (portefeuille et porte-monnaie). C'est là une tentative artistique digne d'encouragement dont les produits commencent à être appréciés à Tunis.

Nous croyons pouvoir signaler à cette place une très intéressante reliure du journal *La Renaissance Nord-Africaine*, exposée par M. Darboi (Henri) et saisir également l'occasion d'applaudir à la belle œuvre de rénovation artistique entreprise par la Direction (1) de ce nouveau journal luxueusement illustré, dont on peut admirer à l'Exposition les numéros déjà parus.

### ANTIQUITÉS ET BEAUX-ARTS

Ainsi que nous l'avons dit en commençant cette étude, une place importante a été réservée aux antiquités ; l'ancienne mosaïque romaine n'est-elle pas pour ainsi dire un produit du sol tunisien? C'est, en effet, un des plus riches au point de vue archéologique et encore cette fois nous devons savoir gré au Directeur et au Sous-Directeur des Antiquités et Arts de Tunis, MM. Gauckler et Sadoux, d'avoir envoyé de beaux échantillons et moulages des objets légués par l'antiquité. Ce sont, entre autres, trois exquises *statues* de femmes, découvertes à Carthage, un *buste* de Bacchante, qui suffit à indiquer le mouvement qu'avait la statue, des *têtes* énergiques de Romains; autant d'œuvres d'art qui n'ont rien à envier aux plus belles œuvres de notre siècle ; un *bas-relief* représentant les trois grâces ; des *mosaïques* figurant des animaux et dont l'une représente des poissons, qui sortent pour ainsi dire de leur cadre, par suite d'un jeu d'ombres et de pénombres habilement combiné, etc. ; l'ensemble de cette exposition est particulièrement suggestif.

### TABLEAUX, PLANS GRAPHIQUES

L'exposition de ces objets, très complète, est utilement répartie dans les différentes salles du Pavillon. La Direction de l'Agriculture et du Commerce, outre les nombreux tableaux et graphiques que nous avons déjà signalés, expose un grand tableau, dressé par son service des domaines, et qui représente le lotissement du centre de colonisation de la Mornaghia, créé en 1901 ; type remarquable d'un groupement de cultivateurs français acquéreurs de l'Etat : un *plan détaillé*, également de grandes dimensions, du *Jardin d'essais* de l'*Ecole coloniale d'agriculture*, dont nous avons parlé plus haut ; trois *plans de Tunis* en 1808, 1880 et 1905 montrant l'importance et la rapidité de l'extension de cette ville depuis l'établissement du protectorat, symbole vivant de la transformation économique du pays, *la statistique du mouvement commercial entre la Belgique et la Tunisie.*

L'Institut Pasteur de Tunis, récemment aménagé à neuf par le

(1) MM. Guénard et Deconcloit, directeurs

Gouvernement du Protectorat et qui dessert la Tunisie et les pays environnants, est un établissement autonome sous le contrôle du Directeur de l'Agriculture et du Commerce; il expose dans un *tableau* les résultats de ses intéressants travaux.

La DIRECTION GÉNÉRALE DES TRAVAUX PUBLICS a fait figurer de très beaux et grands *plans en relief* de la région de « Tunis-La Goulette » et de Bizerte, qui font l'admiration du public et excitent vivement l'intérêt; la *carte routière* de Tunisie en 1904.

Le SERVICE TOPOGRAPHIQUE, l'une des branches de l'administration des Travaux Publics, a exposé l'*etat des immatriculations* de la ville de Tunis, d'une part, et celui de toute la Tunisie, d'autre part; la DIRECTION DES FINANCES a envoyé à l'Exposition diverses *brochures* et *documents* administratifs des statistiques douanières.

La DIRECTION DE L'OFFICE POSTAL TUNISIEN a mis sous les yeux des visiteurs des collections de ses *figurines*, des *graphiques*, des *cartes* du réseau postal, télégraphique et téléphonique, des photographies, tous documents montrant les résultats réellement remarquables qu'une intelligente décentralisation a permis à cet important service d'obtenir, dans le développement de toutes les branches de l'exploitation.

La DIRECTION DE L'ENSEIGNEMENT PUBLIC expose deux grandes cartes (politique et physique) de la Tunisie au 500.000e.

Signalons aussi le *beau tableau* dans lequel M. GABRIEL LORDEREAU, de Lyon (Médaille d'or en 1889, H.C. en 1900) indique très clairement, au moyen de cercles coloriés, tous les résultats économiques, obtenus en Tunisie depuis 1886 à nos jours; les panneaux de *vues photographiques* de la COMPAGNIE DES TRAMWAYS DE TUNIS, à laquelle l'on est obligé, malgré les regrets que l'on peut avoir de l'installation d'un trolley qui dépare la ville arabe de Tunis, de rendre l'hommage que mérite la hardiesse avec laquelle elle développe infatigablement son réseau.

Ils sont donc nombreux ceux qui contribuent à faire connaître la Tunisie à l'Exposition de Liége. Le COMITÉ D'HIVERNAGE DE TUNIS, qui peut rendre à la Régence un si grand service en y faisant venir des touristes et des hiverneurs, a eu soin de faire figurer des *notices* et ses affiches illustrées, bien propres à attirer l'attention.

Dans un but de *propagande économique et de colonisation*, la Direction de l'Agriculture et du Commerce y a joint, entre autres documents à citer, des *tableaux*, volontairement simplifiés, mais très clairs, indiquant la situation respective de la Belgique et de la Tunisie, les distances kilométriques, les lignes de navigation belgo-tunisiennes, etc. Elle a mis en distribution gratuite des « Notices » à l'usage des Emigrants désireux de s'établir en Tunisie et la *plaquette* qu'elle a consacrée à sa participation à l'Exposition de Liége et qui est mise également à la libre distribution des visiteurs est un *vade mecum* des plus utiles pour le commerçant et l'industriel. La diffusion de ces documents ne pourra qu'aider grandement à l'accroissement de la colonisation de cet intéressant pays.

Dans le même ordre d'idées figure la maquette de la belle affiche représentant les principales villes de la Tunisie, que la COMPAGNIE DES CHEMINS DE FER DE BÔNE-GUELMA a répandue dans tous les grands centres de France et qui est due au pinceau si fidèle de M. Henri Rovel, cet admirateur de la belle et lumineuse nature tunisienne. Rappelons que la Compagnie Bône-Guelma vient de transporter de Bône à Tunis la Direction de ses services administratifs. Elle exploite, en effet, dans la Régence, 750 kilomètres de chemin de fer, dont 293 à voie large, et va entreprendre la construction du chemin de fer du centre de Feriana à Sousse. (Plusieurs récompenses aux expositions dont 3 médailles d'or en 1900.)

## CONCLUSION

En visitant le pavillon de la Tunisie, on a l'impression des progrès rapides et importants faits par la Tunisie. Les chiffres, que nous avons cités, confirment cette impression. Le commerce de la Régence a doublé en dix ans et il y a dix ans précisément que, dans une modeste brochure (1), nous souhaitions de voir se réaliser, le plus tôt possible, le développement de la production de l'orge, du maïs, des légumes, des fèves; l'implantation de la culture du coton, du mûrier; l'installation de fabriques plus importantes de savons et de parfums, etc., etc. La rapidité avec laquelle se sont accomplis ces progrès ne peut que réjouir ceux qui s'intéressent au sort de notre belle colonie du Nord de l'Afrique. Mais il ne s'agit pas seulement pour la Régence, dans les progrès constatés, d'une plus grande production agricole, ce qui est déjà un résultat très appréciable, car l'*industrie*, et c'est là une des preuves évidentes de l'activité de nos compatriotes installés en Tunisie, a contribué pour une bonne part à l'accroissement du mouvement commercial de la Régence; les industries extractives, nous l'avons vu, se développent rapidement et, à l'importation, l'augmentation des achats de matières premières à l'industrie est encore une preuve indéniable de cette activité. Il faut savoir gré à M. Hugon, délégué de la Tunisie, d'avoir su, avec des moyens d'action modestes, présenter une synthèse aussi complète de l'œuvre de notre Protectorat et lui donner, dans un cadre architectural qui est à lui seul une des attractions de l'Exposition de Liége, un caractère essentiellement pratique et parlant. Le développement parallèle de l'*agriculture* et de l'*industrie*, que nous avons sous les yeux, permet aux amis de l'expansion coloniale française de fonder les plus belles espérances sur l'avenir de la Tunisie dont les succès commerciaux sont déjà des plus satisfaisants. Ces résultats, la Tunisie les doit certainement à la sage administration de ses Résidents généraux : MM. Roustan, Paul Cambon, Massicault, Rouvier, Millet, Pichon et des fonctionnaires dévoués, dont ils ont su s'entourer dès le début, elle les doit autant et plus encore au labeur acharné et admirable de tous nos compatriotes établis sur le sol de la Régence, auxquels il n'est que juste de rendre ici un hommage qu'ils ont hautement mérité.

G. Wolfrom.

(1) *La Tunisie Commerciale*, 1896, par G. Wolfrom, imprimerie Picard, à Tunis.

## Classe 118

# MATERIEL COLONIAL

MM.

A. FARCOT, *Président ;*

G. LORDEREAU,<br>G. BRACK,<br>R. GRADIS, } *Vice-Présidents ;*

J. WORMS, *Secrétaire ;*

Salomon HIRSCH, *Trésorier.*

J. VUILLEMIN, *Rapporteur.*

# CLASSE 118

La Classe 118 ne comprend que 19 exposants, mais par l'importance des travaux et fournitures faits par ces derniers aux colonies, cette classe tient certainement le premier rang dans l'Exposition Coloniale.

Dans les travaux de mécanique, il nous suffira de citer, pour qu'on s'en rende compte immédiatement, les Maisons suivantes :

**Farcot frères et Cie.**

**Compagnie des Chemins de Fer de Dakar à Saint-Louis.**

**Société des Ponts et Travaux en Fer.**

**Tramways Électriques d'Hanoï — Durand et Cie.**

**Rondet, Schor et Cie.**

**Société Anonyme de Traction automobile.**

Comme fabricants de matériel colonial proprement dit, nous citerons dès maintenant les maisons :

**Henry, Porte, Borderel, Gillet.**

D'autres expositions également très intéressantes se trouvent dans la même classe et sont relatives à des fabrications diverses. Nous allons d'ailleurs prendre chacune de ces expositions en détail :

### Farcot frères et Cie, Constructeurs à Saint-Ouen.

La Maison Farcot frères et Cie expose des photographies et des réductions de quelques-unes des installations si importantes de services publics et privés faites par elle en tous pays et tout particulièrement aux colonies françaises, notamment les installations pour les élévations d'eau et l'éclairage à Saïgon, Pnom-Penh, Cholon, Hanoï, Haïphong, et en Algérie. Nous croyons ici devoir également citer l'irrigation de toute la province de BEHERA (Égypte), par les pompes Farcot, installation dont le succès a mis au premier rang l'industrie française en Égypte.

Fondée il y a environ un siècle, cette Maison a pris de suite une grande importance à la suite des inventions réalisées par ses chefs dans la mécanique. Les ateliers qui ont été réorganisés sur des bases modernes par MM. Paul et Augustin Farcot, couvrent à Saint-Ouen une surface de 40.000 mètres carrés. Ils comportent tous les genres de travaux qui concourent à la construction mécanique, y compris le modelage, les fonderies, forges et chaudronnerie.

Là place dont nous disposons ne nous permet pas de donner une citation même sommaire de toutes les installations mécaniques faites par la maison Farcot, qu'il s'agisse d'installations complètes de transport de force, d'installations d'éclairage ou de tramways, ou d'installations complètes d'usines élévatoires.

## Chemin de fer de Dakar à Saint-Louis.

La Compagnie des Chemins de fer de Dakar à Saint-Louis expose :

1° Une carte de son réseau indiquant la progression du trafic et le développement des escales ;

2° Des vues photographiques relatives aux travaux importants exécutés le long de la ligne, notamment la photographie du pont de Leubar;

3° Un modèle réduit d'une station. L'examen de cette station montre de suite combien cette Compagnie a eu le souci d'adapter son exploitation aux conditions locales. Toutes les ouvertures ont été garnies de grillages métalliques de façon à protéger les habitants contre les moustiques, véhicules du paludisme.

La Compagnie du Chemin de fer de Dakar à Saint-Louis a vu rapidement son trafic augmenter ; elle a été amenée à modifier ses voies en substituant des traverses métalliques aux traverses en bois (longueur de la ligne 270 kilom. environ), à modifier ses stations et à augmenter son matériel. Ce dernier comprend actuellement :

27 locomotives ;
58 wagons de voyageurs ;
15 fourgons ;
302 voitures de marchandises ;
2 wagons-grues.

Le nombre des voyageurs transportés par cette Compagnie, qui dans les premières années d'exploitation était voisin de 150.000, s'est élevé pour les dernières années à une moyenne supérieure à 300.000. D'autre part, si nous regardons les transports de marchandises, nous constatons qu'ils ont également doublé et dans l'ensemble les recettes sont supérieures aux dépenses.

Aucun chemin de fer colonial n'a rempli mieux son but que celui de Dakar à Saint-Louis, qui a été un moyen de pénétration pacifique puissant. Nous ne pouvons qu'espérer voir se généraliser la construction de semblables chemins de fer dans nos colonies ou dans des pays qui, comme le Maroc, ont des liens avec nos colonies.

## Société des Ponts et Travaux en fer.

Cette Société expose des plans et photographies se rapportant aux travaux publics qu'elle a exécutés dans les colonies françaises; nous y voyons notamment : en *Algérie*, les photographies de viaducs métalliques sur la Mouzaïa (60 mètres d'ouverture), sur la Chiffa (57 mètres d'ouverture), sur l'Oued Dermel, sur l'Oued Ysser, une photographie du pont sur l'Oued Sébaou (ouvrage de 407 mètres de longueur en 20 travées égales), 4 photographies du bateau-porte d'Alger; à *la Martinique* : une photographie du bateau-porte de Fort-de-France ; en *Annam* : un dessin de la Tour métallique du phare de Poulon-Canton (hauteur du phare 50 mètres au-dessus du sol).

Nous devons attirer particulièrement l'attention sur les travaux exécutés par cette Société sur la ligne de Tourane à Hué.

Les travaux effectués par la Société des Ponts et Travaux en fer sur cette ligne ne se sont pas élevés à moins de 3.000.000 de francs relatifs pour la plupart à des installations complètes de ponts que la nature des terrains rencontrés rendait particulièrement difficiles. Ce travail peut se résumer comme suit :

Cube des fondations à l'air comprimé : 7.450 m$^3$.

Cube des maçonneries à l'air libre : 3.050 m$^3$.

Poids des tabliers métalliques : 2.400 tonnes.

Nous regrettons de n'avoir à parler que des expositions spéciales aux colonies, car nous aurions cité avec plaisir d'autres installations faites en tous pays par cette même Société.

## Rondet, Schor et Cie.

La Maison Rondet, Schor et Cie expose des treuils-appliques et des treuils roulants à frein de sécurité automatique; cette maison s'est spécialisée dans les appareils de levage et, parmi les installations faites par elle aux colonies, nous citerons une grue à bras pour l'arsenal de Saïgon, la grande grue à vapeur du warf de Kotonou, la grue roulante à voie étroite du chemin de fer de Dakar à Saint-Louis. La maison Rondet, Schor et Cie a su se rendre compte combien il importait de mettre à la disposition d'une main-d'œuvre souvent peu exercée, des appareils présentant le maximum de sécurité et de simplicité de manœuvre. Les avantages du frein de sécurité qu'elle expose, pour les appareils à bras, sont les suivants : 1° réglage rigoureux de la vitesse de descente de la charge, qui peut être lente ou très rapide ; 2° élasticité des organes permettant d'arrêter fréquemment une descente rapide, sans avoir à craindre une rupture d'organe.

## Société Anonyme de Traction automobile.

Cette Société a eu pour fondateur M. Méry-Picard, dont l'heureuse idée était d'utiliser les routes d'Algérie en y installant des transports de marchandises avec des tracteurs à vapeur. M. Méry-

Picard voyait là un moyen de faciliter les relations commerciales entre certains hauts plateaux de l'Algérie et les ports du littoral. La Société Anonyme de Traction automobile a établi un service de tracteurs entre le port de Bougie et Sétif; ces deux villes sont distantes de 112 kilomètres et la ville de Sétif est à 1.100 mètres au-dessus du niveau de la mer. On se rend compte par ces chiffres des difficultés présentées par les routes, dont d'ailleurs nous voyons le profil à l'Exposition de Liége. Ces difficultés exigeaient un matériel automobile robuste, puissant, et capable de fournir une marche régulière. La Société Anonyme de Traction automobile a consacré tous ses soins à la construction de ce matériel, à l'établissement de trains routiers, dont elle présente les vues à la Classe 118.

### P. et B. Durand.

La Maison Durand expose les photographies relatives au si important réseau de tramways électriques, qui ont été établis à Hanoï, par ses soins.

D'autre part, elle expose un nouveau joint de tramways, dénommé "joint Ambert". Les deux bouts du rail sont posés dans un manchon frette enserrant les pieds des deux rails qui sont solidement fixés dans ces manchons au moyen d'un clavetage spécial. Ce système est un de ceux qui suppriment les dénivellations au passage d'un rail sur l'autre et par suite évitent des chocs si désagréables pour les voyageurs et si nuisibles pour le matériel dans une exploitation de tramways.

### André Lavezzari, 42, rue Blanche, Paris.

M. Lavezzari, Ingénieur des Arts et Manufactures, expose des injecteurs d'alimentation, des graisseurs mécaniques continus, des niveaux d'eau avec tubes striés, ces derniers étant disposés de telle sorte que les lectures sont des plus faciles. Cette exposition est des plus intéressantes et d'ailleurs la plupart des appareils exposés par M. Lavezzari ont été adoptés par les grandes Compagnies de Chemins de fer et par la Marine.

### Jules Rotival, Compagnie des Wagons réservoirs.

La Compagnie des Wagons réservoirs a exposé un modèle réduit de wagon réservoir. Ces wagons très solidement établis sont disposés pour le transport de tous liquides. L'emploi de ces wagons qui offrent tant de facilités s'est d'ailleurs rapidement généralisé, et la Compagnie des Wagons réservoirs rend de grands services notamment aux viticulteurs en leur facilitant le transport de leurs vins dans les conditions les plus économiques et de telle sorte que les vins se trouvent à l'abri de toute altération.

**Borderel,** 135, rue Clignancourt, Paris.

M. Borderel expose une maison coloniale démontable et transportable ; cette maison est très bien distribuée ; toutes ses chambres sont très bien aérées et très bien éclairées et ses parties essentielles satisfont aux règles de l'hygiène moderne. Dans les chambres de la maison Borderel, nous avons trouvé un ameublement des plus confortables ; ces meubles en jonc et en rotin sont exposés par la Maison :

**Bérault,** 17, rue du Pont-aux-Choux, Paris.

**Henry,** rue Louis-Blanc, Paris.

M. Henry est un des principaux fabricants européens de matériel de campement. Il a su réaliser différents types de tentes qui tout en étant d'un développement très pratique et très solide, sont très facilement transportables.

En dehors du matériel d'ameublement complet nécessaire à tout campement, M. Henry fournit également tous les appareils utiles à un explorateur, tels qu'appareils photographiques, baromètres, boussoles, boîtes de secours, brancards, pliants, cantines, etc., etc.

**Léon Porte,** 6, place de l'Ecole, Paris.

La Maison Porte expose des parasols coloniaux et tout un matériel de campement très riche ; cette maison s'est spécialisée dans les fournitures de grands parasols de jardins et de plages, de tentes et de tout matériel de campement.

**Gillet,** 78, quai de la Rapée

Cette Maison expose un pavillon colonial répondant bien aux besoins des colonies : chambres hautes et bien aérées ; protection contre les moustiques ; galerie extérieure bien ombragée ; parois convenant bien aux variations de température des climats coloniaux ; la disposition des panneaux nous a paru très pratique et permettre un démontage et un remontage très rapide du pavillon.

**Fontaine-Souverain,** 9, rue des Roses, à Dijon.

Cette exposition comprend des échelles fixes, des échelles à coulisse, des treillages décoratifs, le tout construit d'une façon à la fois légère et présentant toutes les garanties de solidité.

Nizard frères, 17, rue Bab-el-Kadra, Tunis.

Cette exposition renferme des pièces accessoires pour voitures, en bronze et en nickel.

Morin, 5 et 7, rue de l'Etape, Reims.

M. Morin expose un type très pratique de brancard démontable pour blessés.

Avant de terminer, nous devons enfin citer l'exposition de chaussures faite par M. Sensé, de Saint-Denis, à la Réunion.

En résumé, on peut dire de l'exposition de la Classe 118 qu'elle est à la fois très variée, tout en restant dans chacune de ses parties d'un grand intérêt. En dehors des grandes installations d'ordre mécanique, elle comprend un matériel colonial qui a parfaitement su être adapté aux besoins des colonies par ses fabricants.

J. VUILLEMIN.

## Classe 119

# PRODUITS SPÉCIAUX

DESTINÉS A

## *L'EXPORTATION DANS LES COLONIES*

MM.

Léon FOULD, *Président;*

Paul FRAENKEL,<br>D. BELLEAU,<br>Paul BESSAND, } *Vice-Présidents*.

Émile-G. MÉNÉTRIER, *Secrétaire*.

Paul SABATIER, *Trésorier.*

M.-B. DURAND, *Rapporteur.*

# CLASSE 119

Monsieur le Président du Groupe XVIII,

J'ai l'honneur de vous adresser le rapport que vous m'avez demandé sur les produits exposés dans la classe 119 à l'Exposition Universelle de Liége de 1905.

Cette classe, qui se compose des produits spéciaux destinés à l'exportation dans les colonies, a ses installations, soit dans le Palais de l'Afrique, soit dans le Palais de l'Asie. Elle comprend, en outre, une maison coloniale et le pavillon de l'Office Colonial situés à proximité.

### PALAIS DE L'AFRIQUE

Il n'y a dans ce Palais que dix exposants :

MM. ARTAUD (J.-B. et A.) frères, dont les magasins sont situés à Marseille, rue Plumier prolongée, ont exposé une collection intéressante de vins, liqueurs, huiles d'olive, condiments, conserves.

MM. GAVEAU frères, 32 et 34, rue Blanche, à Paris, ont exposé des spécimens de leur marque bien connue et très justement appréciée de leurs pianos droits et pianos à queue.

La Maison GRISON, KEGEL et Cie, 48, rue de l'Arbre-Sec, à Paris, a fait une exposition intéressante de ses vêtements en fourrures.

MM. LÉVI frères, 160, rue Montmartre, à Paris, ont présenté, sous des couleurs très agréables, leurs tissus en coton, cotons et soie façonnés ou imprimés.

MM. VERLUISE et PEROL, 5, boulevard des Filles-du-Calvaire, à Paris, ont exposé des tentures murales d'un bel effet.

La Maison VINCENT et Cie, 28, boulevard Malesherbes, à Paris, a présenté dans de bonnes conditions des spécimens de son sel aggloméré en blocs, dont la facilité de manutention et de conservation pour le transport aux colonies doit être très appréciée pour l'exportation dans les colonies.

### PALAIS DE L'ASIE

Le nombre des exposants de la classe 119 est plus important et particulièrement intéressant dans le Palais de l'Asie.

L'exposition des vins et eaux-de-vie attire l'attention, et notamment celle des vins de Champagne dont il est fait une si grande consommation dans les colonies.

C'est d'abord M. ABELÉ, Henri, 48, rue de la Justice, à Reims, dont l'exposition des produits est très importante. Cette marque est trop connue pour qu'il soit nécessaire d'en faire l'éloge.

Puis ce sont :

M. Belleau, Désiré, 1, rue du Marc, à Reims.

M. Bessand, 2, rue de Belle-Image, à Reims.

M. Bourgeois à Reims, dont les vins de Champagne sont très justement réputés pour l'exportation aux colonies.

MM. Audinet et Buhan, 2, quai des Chartrons, à Bordeaux.

M. Joubert, 25, rue d'Hauteville, à Paris.

MM. Bezagu et Cie, à Bordeaux et à Cognac, ont fait une exposition très intéressante de leurs eaux-de-vie.

M. Orillard, propriétaire de la Haute Chaumière, par Richelieu (Indre-et-Loire).

M. Perrault, propriétaire du château de Meigne, à Brézé (Maine-et-Loire), a montré d'excellents échantillons de ses grands vins mousseux.

M. Bouchety, Léon, à l'Etang-la-Ville (Seine-et-Oise), ainsi que Mme veuve Broux et fils, 10, rue Saint-Florentin, à Paris, ont mis en valeur leurs produits hygiéniques destinés à l'exportation.

La Maison B. Brunet, 14, rue de Lancry, à Paris, a présenté des spécimens d'impressions diverses pour les colonies et l'exportation.

La maison « La Belle Jardinière », 2, rue du Pont-Neuf, à Paris, a fait une exposition intéressante sur des mannequins revêtus de ses vêtements d'excellente qualité appropriés à la vie coloniale.

La Société Anonyme « Le Carbone », 12 et 33, rue de Lorraine, à Levallois-Perret, a exposé des piles électriques et surtout des charbons agglomérés pour le service des machines électriques, dont les qualités de résistance et de durée sont très appréciées des industriels.

Mme Caron, 152, faubourg Saint-Martin, à Paris, a mis la note élégante et gaie dans cette partie du Palais colonial, par l'exposition de sa bijouterie imitation, chaînes, sautoirs, bracelets, en perles fausses pour l'exportation.

La Compagnie Française pour l'Industrie de la Perle a très heureusement mis en valeur les spécimens de sa fabrication de son usine de Chauny (Aisne), tels que : perles en verre pour couronnes, broderie, cornioles, perles rayées.

Il en est de même de l'exposition de la maison Carrière, 115, boulevard Richard-Lenoir, dont les articles de petite miroiterie, dite métallique, et les articles de bimbeloterie sont très agréablement présentés.

MM. Caussemille jeune et Cie et Roche et Cie ont fait une jolie exposition de leurs allumettes chimiques en cire et en bois provenant de leurs usines d'Alger, Bône et Gand.

La Compagnie de Fabrication française du papier manufacturé, 8, avenue de Bellevue, Parc-Saint-Maur, a fait une exposition intéressante de carton et papiers.

Il en est de même de la maison Fichot-Landrin, 15, rue Montorgueil, à Paris, pour ses couleurs végétales pour confiseurs, pâtissiers, glaciers.

Et M. Dauvergne Georges, rue Saint-Etienne, à Meaux, pour ses vernis spéciaux pour les colonies.

Les produits pharmaceutiques, médicaments, sérums, sont également bien mis en valeur par les expositions de MM. CHEVRETIN et LEMATTE, 24, rue Caumartin, Paris.

M. DEFFINS, 40, rue du Faubourg-Poissonnière.

M. DEMELLE, pharmacien, à Loué (Sarthe).

M. PELTOT et fils, 1, rue des Hospitalières-Saint-Gervais, à Paris.

M. PELLETIER, E., 48 à 52, boulevard Louis-Salvator, Marseille.

M. ROBIN, Maurice, 13, rue de Poissy, Paris.

M. SABATIER, 24, rue Singer, Paris.

M. TROUETTE, 15, rue des Immeubles-Industriels, Paris.

M. PEARSON, 11, rue Payenne, à Paris et 93, Neuerwall, à Hambourg, dont le « Lactagol » paraît devoir rendre les plus grands services aux mères anémiées qui allaitent elles-mêmes leurs enfants.

M. JACQUEMIN (Georges), de Malzéville, près Nancy (Meurthe-et-Moselle), déjà récompensé à de nombreuses expositions antérieures et notamment à l'Exposition de 1900, à Paris, où il a obtenu une médaille d'or. Ses études ont rendu les plus grands services à l'agriculture, à la médecine et à l'industrie. Ses levures pures, ses procédés de fermentation, ses ferments purs de raisin sont très appréciés des distilleries, fabriques d'eaux-de-vie, brasseries, cidreries.

Enfin, nous devons une mention toute spéciale à la maison de RICQLÈS et Cie, boulevard Victor-Hugo, à Saint-Ouen (Seine), dont l'alcool de menthe a obtenu les plus hautes récompenses dans les expositions antérieures et notamment à l'Exposition de Paris en 1900, où elle a été mise hors concours.

L'Alimentation est également bien représentée dans la classe 119 au Palais de l'Asie avec MM. ISNARD (Pierre) et fils, 12, rue Gubernatis, à Nice, qui ont montré une belle collection de leurs huiles d'olive coloniales.

M. PORTEU, Léon, à Rennes, avec ses beurres en boîtes pour l'exportation.

M. SAUVINET, Henry, 79, rue d'Arcueil, à Malakoff, près Paris, qui a fait une vraiment belle exposition de ses produits alimentaires, citronade, orangeade, grenade, framboisade, etc. Les produits très justement appréciés de la maison Sauvinet ont d'ailleurs reçu déjà les plus hautes récompenses dans les expositions antérieures.

La Société STERN et Cie d'Orbec (Calvados) avec son beurre salé de Normandie, si apprécié dans les colonies auxquelles il est exclusivement destiné.

M. TARPIN, rue Colbert, à Reims, avec ses biscuits et massepains très justement réputés.

M. NOUGUIER, à Lodève (Hérault), qui a montré des spécimens intéressants de ses chardons cardères végétaux.

Dans la partie de cette exposition concernant les tissages ou l'habillement, nous avons à signaler M. SCHWOB (André), maison Schwob frères, qui a fait une exposition fort intéressante de ses tissus de coton, filés écrus et teints, pour l'exportation.

M. VOLLANT (Armand), 32, boulevard Sébastopol, Paris, dont les guêtres molletières et vêtements en peau souple et imperméables sont appelés à rendre de réels services aux colonies.

La maison FRAENCKEL-BLIN, à Elbeuf, qui a montré des spécimens les plus réussis de ses très belles étoffes de laine plus spécialement destinées aux colonies.

M. Raynaud, 25, rue Taitbout, à Paris, dont le corset Thylda est plein d'élégance et de bon goût.

M. Marco Hemsi, 21, rue d'Uzès, à Paris, avec ses riches tapis d'Orient.

Nous avons à renouveler nos félicitations à MM. Verluise et Perol, ainsi qu'à MM. Gaveau frères pour leur exposition dans le Palais de l'Asie, aussi intéressante que celle qu'ils ont faite dans le Palais de l'Afrique.

### MAISON COLONIALE

Nous avons à mentionner dans cette partie de l'exposition, les produits de MM. Priou et Menetrier, 34-38, rue des Francs-Bourgeois, à Paris, dont les cantines médicales, havresacs, paniers d'ambulance sont d'une si réelle utilité pour les colonies.

Tel est, Monsieur le Président, le résumé succinct des observations que m'a suggérées la visite de la classe 119. Il me reste à témoigner du bon effet de l'ensemble dû aux efforts et à l'activité des exposants et au très bienveillant appui que vous leur avez donné et dont je tiens à vous remercier en leur nom.

Veuillez agréer, Monsieur le Président, mes plus dévoués sentiments.

M. B. Durand.

# LE JURY

ET LES

# RÉCOMPENSES OBTENUES

Par le Groupe XVIII

A

## *L'EXPOSITION UNIVERSELLE*
## *ET INTERNATIONALE DE LIÉGE 1905*

## JURY DE GROUPE

(MEMBRES FRANÇAIS)

MM.

MARCEL SAINT-GERMAIN, Sénateur, *Président ;*

PAUL MAUREL, *Secrétaire-Rapporteur ;*

GEORGES SCHWOB,<br>A. FARCOT,<br>PAUL BESSAND,<br>J.-L. BRUNET, } *Membres.*

## CLASSE 116

# Colonisation

JURY

(*Membres français*)

MM. SAINT-GERMAIN, sénateur, *président.*
Louis OCHS, *vice-président.*
Paul MAUREL, *secrétaire-rapporteur.*
Gabriel LORDEREAU, DERODE, Charles MICHEL, *membres titulaires.*
BARDOUX-KELLER, Henri TRÉCHOT, *membres suppléants.*
Fernand CLERC, *expert.*

## RÉCOMPENSES

1° Exposants :

**Hors concours.** — MM. P. Buhan et Cie, Bordeaux ; Clerc (Fernand), au Lamentin (Martinique) ; Compagnie commerciale de colonisation du Congo français, à Paris ; Compagnie française de l'Ouhamé et de la Nana, à Paris ; Compagnie française du Haut-Congo, à Paris ; MM. Fould (Léon), à Paris ; David Gradis et fils, à Paris ; Prouvost (Edouard), à M'Rira (Tunisie) ; Société des huileries Maurel et Prom et Maurel frères, à Bordeaux et à Marseille ; Société franco-tunisienne commerciale, industrielle et agricole, à Paris.

**Diplômes de grands prix.** — Compagnie coloniale française d'exploitation « La Brazzaville », à Paris; Compagnie de phosphates et chemin de fer de Gafsa; Compagnie des chemins de fer de Bône-Guelma et prolongements, à Paris; Compagnie française du Congo occidental, à Paris; MM. Crété (Maurice) et Cie, à Crétéville (Tunisie); Debonno (Charles), à Boufarik (Algérie); Delignon (L.), à Qui-Nhon (Annam) et à Paris; Exposition coloniale bordelaise.

En participation : MM. Arcin ; Georges et Cie, à Bordeaux; Barthès et Guiraud, à Bordeaux ; Calvé frères, à Bordeaux ; Bonpunt, à Bordeaux ; Chavanel (E.), à Bordeaux; Compagnie commerciale de la Côte d'Afrique, à Bordeaux; MM. Delmas (A.-J.), à Bordeaux ; Devès et Chaumet, à Bordeaux ; Mirc (Paul), à Bordeaux ; Peyrissac (Ch.) et Cie, à Bordeaux; Rabaud (H.) et Cie, Delmas (J.-A.) et Cie et J.-B. Clastres, à Bordeaux; Vezia et Cie, à Bordeaux.

M. L. Frager, à Paris ; Société agricole et commerciale du Setté-Cama, à Paris ; Société de Crédit foncier colonial, à Paris; Société française des charbonnages du Tonkin, à Paris; MM. Toutée (Georges-Joseph), à Zaiama, Grombalia (Tunisie) ; Altairac frères, à Alger; Chambre de commerce de Calais, à Calais; Chambre de commerce belge de Paris, à Paris ; Chambre de commerce de Dunkerque, à Dunkerque; Chambre de commerce de Lyon, à Lyon; Chambre de commerce de Paris, à Paris; Chambre de commerce de Marseille (plan) à Marseille; Chambre de commerce de Nantes, à Nantes ; Chambre de commerce du Havre, au Havre; MM. Ch. Coulon et frères, au Havre; Gouvernement général de l'Afrique occidentale française.

En participation : Gouvernement de la Côte d'Ivoire, Gouvernement de la Guinée, Gouvernement du Dahomey, Gouvernement du Haut-Sénégal et Niger, Gouvernement du Sénégal.

Gouvernement général de l'Indo-Chine; MM. Lombard et Cie, à Tourane (Indo-Chine); Office national du commerce extérieur; Société anonyme des huileries Calvé-Delft (G. Calvé, directeur), à Bordeaux.

**Diplômes d'honneur.** — MM. Alioth et Cie, à Bordeaux ; Association maternelle de Cholon, à Cholon (Indo-Chine); MM. Bena et Cie, et Union des propriétaires de Sfax (Tunisie) ; M. Bessis (Ch.), à Sfax et à Sousse (Tunisie); Comice agricole de Bône, à Bône (Algérie); Comice agricole de Souk-Ahras, à Souk-Ahras (Algérie); Mme Delfau (Algérie); MM. Epinat et Novak, à Madhia (Tunisie) ; Gastu, à Alger; Medina (Gabriel de S.), à Monastir (Tunisie) ; Chambre de commerce de Boulogne-sur-Mer, à Boulogne-sur-Mer; MM. Ratto-Magana, à Alger ; Mme Ridel-Lagrenée (Marie-Léonie), domaine de Chaouat (Tunisie); Société d'agriculture d'Oran (Algérie).

**Diplômes de médailles d'or.** — MM. Assemat (J.) et Cie (huilerie bordelaise), à Bordeaux ; Aubry frères et Coanet, au Ras-Tabia, près de Tunis; Billy et Baudot, à la Manouba (Tunisie) : Chaffanjon (P.) et Cie, à Tal-Tru, province de Hung-Hoa (Tonkin) ; Chambre de commerce de Marseille (école), à Marseille; M. Chatel (Léon), directeur du jardin botanique, à la Réunion ; Chef du service des mines à Madagascar, à Tananarive; Comice agricole de Sétif (Algérie) ; Compagnie belgo-tunisienne, à Bizerte (Tunisie); Comptoir général de

Kabylie, à Bougie (Algérie) ; M. Courmont (Edgard de), à Basse-Pointe (Martinique) ; Direction de l'agriculture, des forêts et du commerce de Cochinchine ; Direction de l'agriculture, des forêts et du commerce du Gouvernement général de l'Indo Chine ; Direction de l'agriculture, des forêts et du commerce du Tonkin ; Direction de l'agriculture à Madagascar ; Direction de la sériciculture, à Madagascar ; Direction des forêts de la régence de Tunis (Tunisie).

MM. Fabries et Cie, à Oran ; Genevay (Zacharie), à Tunis ; Homberger (Auguste), à Ouel-el-Alib, à Grombalia (Tunisie) ; Mme Kempf, à Sainte-Marie de Madagascar ; MM. Licari (G. et E.), à Tunis ; Manufacture des tabacs de l'Indo-Chine, à Paris ; MM. Montassier (Louis), à Madhia (Tunisie) ; Niebergall (Charles), à Marseille ; Pecoul (A.), à Basse-Pointe (Martinique) ; Philipp, à Bougie (Algérie) ; Raoussi ben Kelfate, à Tlemcen (Algérie) ; Société des domaines de Protville, à Protville (Tunisie) ; Société des mines de Djebel-Ressas (banlieue de Tunis) ; Société Oléicole de Sfax, à Sfax (Tunisie) ; Sous-inspecteur chef de la circonscription du Centre à Madagascar ; Union des Syndicats du commerce et de l'industrie du Loiret, à Orléans ; Village sénégalais.

**Diplômes de médailles d'argent.** — MM. Abbassane-Say, village sénégalais ; d'Arloz, Petiaux et Cie, à Marseille et à Djibouti (Côte des Somalis) ; Bedier (Gabriel), à Saint-Denis (île de la Réunion) ; Bellier de Villentroy et Cie, à la Réunion ; Bernasconi (Firmin), à Oran (Algérie) ; Bertaud (Jules), à la Réunion ; Blondet (Romain), à Fort-de-France (Martinique) ; Bogaert, à Hué (Annam) ; Boutboul (David), à Monastir (Tunisie) ; Boyer (Adrien-Marie), à la Réunion ; Braud (C.-J.), à Fort-de-France (Martinique) ; Chambre de commerce de Nancy, à Nancy ; MM. Champierre de Villeneuve (Joseph-Alexis), à Saint-Benoît (île de la Réunion) ; Chatel (Rémy), à la Réunion ; cheik Bendiar ben atman, à Souk-Ahras (Algérie) ; cheik Mohamed ben Nourri, à Souk-Ahras (Algérie) ; Colson (Léon), à Saint-Louis (île de la Réunion) ; Coquelin (Laurent), à Saint-Denis (île de la Réunion) ; Ducroquet (Laurent-Félix), à Oudna (Tunisie) ; Escudier père, fils et Cie, à Saint-Denis-du-Sig (Algérie) ; Foucques (Albert), à Saint-Denis (île de la Réunion) ; Feugère, à Paris ; Frère Norbert (Léon), à El-Biar (Algérie) ; Gounot (A.), à Badrouna (Algérie) ; Hervé (Henri), à Marin ; Hoareau (Firmin), à Entre Deux (île de la Réunion) ; Hoareau (Léonce), Hoareau (Romain) ; Humbert, Guyot et Cie, à Billi (Tunisie) ; MM. Kessler (Charles), à Souk-Ahras (Algérie) ; Krayenbuhl (Jules-François-Louis), à Aïr-el-Auker (Tunisie) ; de Lapervanche et Cie, à la Réunion ; Leroux (Jules) à Saint-Denis (île de la Réunion) ; Mamadou Seek, village sénégalais ; Magnan de Bellevue (Pierre-Christian-Fortuné-Claver), à Saint-Benoît (île de la Réunion) ; Mme Vve Camille Morange, à la Réunion ; MM. Penet (Léon), au Mornag (Tunisie) ; Plissonneau et Cie, à Fort-de-France (Martinique) ; Prémont (Achille), à Saint-Paul (île de la Réunion) ; Pourquier (Eugène), à la Réunion ; Richard, mines de la Côte d'Ivoire, à Paris ; Roland (Ferdinand de), à Saint-Paul (île de la Réunion) ; Mme Vve Alexandre Salmon, à la Réunion ; M. Sberro (Moïse de J.), à Sousse (Tunisie) ; Société civile des alfas de fermentation, à Tunis ; Société des salines de mer de Tunisie (Demange et Cie), à Sousse; Mme Terwangne-Wauters, à Mustapha-Alger; MM. Tissier, à Nabeul (Tunisie); Vidot (Jules), à Saint-André (île de la Réunion); Villiers (J.-A. de), à Raisne-Glissante (île de la Réunion); Ycard (Léopold), à la Réunion.

**Diplômes de médailles de bronze.** — MM. Abdoulaye Samba, village sénégalais; Abdoulaye Seek, village sénégalais; Artèse Saverio, à Sousse (Tunisie); Bennet (P.-W.), à Klanguet-el-Hodjadj (Tunisie); Borel frères, à Phu-Ly (Tonkin); Camilleri (Victor), à Tunis; Chadli-Ben-Hassen; Corneille (Cornélie), au Gros-Horne, canton de la Trinité (Martinique); Flageollet (Arthur), à Dra-el-Mizan (Algérie); Gandus (Elia) à Tunis; Ganem (Elie), à Sousse (Tunisie); Genillon (François), à Tunis; Gysin (Charles), à Saint-Denis (île de la Réunion); Hadjadj (F.) fils, à Alger; Jeanou (Elias), à Djibouti (Côte des Somalis; Marchant (Djilani), au Mornag (Tunisie); Metadier (Paul), à Bourges (Cher); Pignolet (Auguste), à la Réunion; Pugmege (Charles), à Oran (Algérie); Scicluna (Tunisie); Société des Mines de Phosphates du Dyr; MM. Souka Thiam, village sénégalais; Vitali-Frances frères à Alger.

**Diplômes de mention honorable.** — MM. Blerald (Eugène-Désiré), à Fort-de-France (Martinique); Borda (Jean-Nabeul), à Tunis; Delarue (René-Louis-Nicolas), à Paris; Menage (Tunisie); Sanchez (André), à Oran (Algérie); Sanchez (Rabadan-Jean), à Oran (Algérie); Trimouillas (R.), à Sfax (Tunisie); Valensi (Tunisie); les villages sénégalais Alioone-Ba, Bounama M'Bow, Dao-Coumba Sow, Fili-Nyang, Laminé-Daba, Matabara-Niang, Mamadou-Diajne, Mamadou-Diouf, Manodup Houalé; M. Engrand (Pierre).

2° Collaborateurs :

**Diplômes d'honneur.** — M. Jourdan, Chambre de commerce de Paris, à Paris; M. Lacroix, Chambre de commerce de Paris, à Paris; Mlle Malmanche, Chambre de commerce de Paris, à Paris; M. Paris, Chambre de commerce de Paris, à Paris.

**Diplômes de médaille d'or.** — MM. Angles, Chambre de commerce de Paris, à Paris; Barré (A.), Chambre française de commerce et d'industrie de Bruxelles; Bourbon (C.-F.), Calvé frères, à Bordeaux; Brasseur, Chambre de commerce de Boulogne-sur-Mer; Couturier (A.), Société du Crédit Foncier Colonial, à Paris; de Fages de Latour, Direction générale des Travaux publics, Tunisie; Dolabaratz (A.), Société du Crédit Foncier Colonial, à Paris; Drouhet, Association maternelle de Cholon (Cochinchine française); Faucher (Félix), Exposition Coloniale Bordelaise, à Bordeaux; Fillon (Alfred), Société anonyme Calvé-Delft, à Bordeaux; Fortin, Société agricole et commerciale de Setté-Cama; Granier (L.), Chambre de commerce de Paris, à Paris; Guy, Service des Travaux publics, Tunisie; Lambert (Julien), Maison L. Delignon, à Paris; Le Serrurier, Chambre de commerce de Marseille; Loth, Service de l'Enseignement, Tunisie ; Loubières (Félix), Chambre de commerce de Paris, à Paris ; Machuel, Service de l'Enseignement, Tunisie ; Mazoyer, Service des Postes, Tunisie ; Mathieu (Joseph), Chambre de commerce de Marseille ; Mirel (G.), Société du Crédit Foncier Colonial, à Paris ; Muller, Office national du commerce extérieur ; Philippi (G.-Th.), Compagnie française de l'Ouhamé et de la Nana ; Rascol, Compagnie française du Congo Occidental, à Paris ; Robin, Chambre de commerce française de Charleroi ; Theveniaud, Gouvernement général de l'Afrique Occidentale Française ; Tortel (Lucien), Maison L. Delignon, à Paris et à Phu-Phong (Annam) ; Tréchot (Ernest), Compagnie française du Haut-Congo, à Paris ; Tréchot (François), Compagnie française du Haut-Congo, à Paris ; Tréchot (Louis), Compagnie française du Haut-Congo, à Paris.

**Diplômes de médaille d'argent.** — Alexandre (Paul), Société anonyme du Crédit Foncier Colonial, à Paris ; Baldauff, tramways de Tunis ; Barthotomé, Service des Domaines, Tunisie ; Bastien, département des forêts, Tunisie ; Bergasse (Louis), Chambre de commerce de Marseille ; M^lle^ Bonnet, Chambre de commerce de Paris, à Paris ; Boulle, Direction générale des Travaux publics, Tunisie ; Mourgnot, Service topographique, Tunisie ; Castagné, Chambre de commerce de Paris, à Paris ; Chervin (Pierre), Direction générale de l'agriculture et du commerce à Tunis ; de Chavigny (Désiré), Direction générale de l'agriculture et du commerce à Tunis ; Chotard (J.), Gouvernement général de l'Afrique Occidentale française ; Coanet (Ed.), Aubry frères et Coanet, au Ras-Tabia, près Tunis ; Constantin, postes et télégraphes, Tunisie ; Cooper (J.-P.-J.), Compagnie française de l'Ouhamé et de la Nana ; Cottevieille, Chambre de commerce de Paris, à Paris ; M^me^ Coudert, Chambre de commerce de Paris, à Paris ; Debergue, Chambre de commerce française de Charleroi ; Declerck, Chambre de commerce de Boulogne-sur-Mer ; Devez (G.), Colonie de la Guyane ; Dham (Emile), Chambre de commerce de Paris, à Paris ; M^lle^ Domino, Chambre de commerce de Paris, à Paris ; Drapier, Service des Antiquités, Tunisie ; Dumont, Office national du commerce extérieur, à Paris ; M^lle^ Dupin, Chambre de commerce de Paris, à Paris ; Gauckler, Service des Antiquités, Tunisie ; Georis, Gouvernement général de l'Afrique Occidentale française ; Giraud (Alb.), Office national du commerce extérieur, Paris ; Guignot (G.), Office national du commerce extérieur, à Paris ; Henricy, Chambre de commerce de Marseille ; Hérard (L.), Colonie de la Guyane ; M^lle^ Hervieu, Chambre de commerce de Paris, à Paris ; Jacqueminet (A.), Société du Crédit Foncier Colonial, à Paris ; Jacquet (A.), Office national du commerce extérieur, à Paris ; Korabiewicz, Chambre de commerce de Paris, à Paris ; Krautheimer, Association maternelle de Cholon, Cochinchine française ; Lepinay, Service de l'Agriculture, Tunisie ; Levat (D.), Colonie de la Guyane ; M^lle^ Lidel, Chambre de commerce de Paris, à Paris ; Lombard (S.-C.), Compagnie française de l'Ouhamé et de la Nana ; Malet (François), Direction de l'agriculture et du commerce, à Tunis ; Mouchard, postes et télégraphes, Tunisie ; Néel (Alfred), Chambre de commerce de Calais ; Perié, Chambre de commerce de

Paris, à Paris ; Poncel, Chambre de commerce de Marseille ; Porché, Service des Travaux publics, Tunisie ; Porez (Gaston), Chambre de commerce de Paris, à Paris ; Pradère, Service des Antiquités, Tunisie ; Ravin (G.), Chambre de commerce de Calais ; Sadoux, Service des Antiquités, Tunisie ; Tellier, Département des Forêts, Tunisie ; Treillard, Service de l'Agriculture, Tunisie ; Truitard, Association maternelle de Cholon, Cochinchine Française ; Valode (Ed.), Chambre de commerce de Paris, à Paris ; Viel (H.), Chambre française de commerce et d'industrie, Bruxelles ; Vilnet (Paul), Chambre de commerce de Paris, à Paris.

**Diplômes de médaille de bronze.** — Blondel, Travaux publics, Tunisie ; Daubert, Chambre de commerce de Boulogne-sur-Mer ; Demange (Gustave), salines de mer, Tunisie ; Demange (Maurice), salines de mer, Tunisie ; Dufeutrel, Chambre de commerce de Boulogne-sur-Mer ; Famechon, Direction des Forêts, Tunisie ; Gauché, Union des Syndicats du commerce et de l'industrie du Loiret, à Orléans ; Leclerc (Ch.), Compagnie française de l'Ouhamé et de la Nana ; Montador, Chambre de commerce de Boulogne-sur-Mer ; Rovel, (Henri), Société des chemins de fer de Bône-Guelma ; Tournieroux, Ecole d'agriculture, Tunisie.

3° Coopérateurs :

**Diplômes de médaille de bronze.** — Coudy, Office national du commerce extérieur, à Paris ; Curabet (E.), Société Calvé-Delft, à Bordeaux ; Famechon (Aug.), Chambre de commerce de Boulogne-sur-Mer ; Fiori, Société des mines du Djebel-Ressas, Tunis ; Giu, Maison Delignon, à Paris et à Phu-Phong ; Kuyl (Mme), Association maternelle de Cholon, Cochinchine Française ; Gassiot (P.), Calvé (G.), à Bordeaux ; Hasseni-Ahsen (E.), Médina (Gabriel de S.), à Monastier (Tunisie) ; Maroungou-Baiona, Compagnie française du Haut-Congo, à Paris ; Mauser et Pontigna, Compagnie française du Haut-Congo, à Paris ; Mohamed Bouynac, Montassier (Louis), à Mahdia (Tunisie) ; Mouptau-Soumbou, Compagnie française du Haut-Congo, à Paris ; Tati Loenba, Compagnie française du Haut-Congo, à Paris ; Vang, Société des mines du Djebel-Ressas, Tunis ; Vang, Maison Delignon, à Paris et à Phu-Phong (Annam).

## CLASSE 117

---

# Procédés de Colonisation

### Jury

*(Membres français)*

MM. Georges Schwob, *président.*
J.-L. Brunet, *secrétaire-rapporteur.*
Eug.-L., Pralon, le Dr Henri Imbert et Edouard Prouvost, *membres titulaires.*
Pascal Buhan et Jules Chaubet, *membres suppléants.*

## RÉCOMPENSES

1° Exposants :

**Hors concours.** — M. Brunet (J.-L.), à Paris; Comité de propagande de l'Afrique occidentale française, à Paris; l'*Africaine* (Revue de l'Afrique latine), à Paris; l'Africaine (Société de propagande), à Paris; les *Actualités Diplomatiques et Coloniales*, à Paris; MM. Lordereau (Gabriel), à Lyon; Ochs (Louis), à Paris; *Office Colonial*, à Paris; Syndicat de la Presse coloniale, à Paris.

**Diplômes de grand prix.** — Commissariat spécial des colonies françaises et pays de protectorat ; la *Dépêche Coloniale* et la *Dépêche Coloniale Illustrée*, à Paris ; la *Politique Coloniale*, à Paris ; M. Maxwel (Institut colonial de Bordeaux), à Bordeaux ; Compagnie Algérienne, à Paris ; Direction de l'agriculture et du commerce, à Tunis ; Direction des antiquités et arts, à Tunis ; Direction générale de l'enseignement public, à Tunis ; Direction générale des travaux publics, à Tunis ; Direction du service de santé des colonies, à Paris ; Ecole Berlitz, à Paris ; École coloniale d'agriculture et ferme-école, à Tunis ; Gouvernement de la Côte d'Ivoire, Gouvernement de la Guinée, Gouvernement du Dahomey, Gouvernement du Haut-Sénégal et Niger, Gouvernement du Sénégal, Gouvernement général de l'Algérie, à Alger ; Gouvernement général de l'Afrique occidentale française.

Gouvernement général de Madagascar, à Madagascar ; Inspection générale de l'agriculture coloniale et Direction du Jardin Colonial, à Nogent-sur-Marne ; Inspection générale des travaux publics des colonies, à Paris ; Office des postes et des télégraphes, à Tunis ; M. Roques (colonel), à Tananarive ; Service des douanes de Madagascar, à Madagascar ; Service géographique (ministère des Colonies), à Paris ; Service topographique, à Tunis ; *Union Coloniale Française*, à Paris.

**Diplômes d'honneur.** — Comité d'hivernage, à Tunis ; M. Migeon (Julien-Auguste), à Paris ; Muséum d'Histoire naturelle, à Paris ; Office de l'Algérie, à Paris ; Société antiesclavagiste de France, à Paris ; Société française des phosphates de Tébessa, à Paris ; The Constantine phosphates Company, à Paris.

**Diplômes de médaille d'or.** — *Association Cotonnière Coloniale* ; M. Bernard (Eugène), à Paris ; *Bulletin Officiel du Bureau Central des Associations de Presse*, à Paris ; Chef du service des mines, à Madagascar ; Comité de la Guyane française, à Paris ; Comité de l'Asie française, à Paris ; Comité de Madagascar, à Paris ; Comité du commerce et de l'industrie d'Indo-Chine, à Paris ; Compagnie des Tramways de Tunis, à Tunis ; Congrès coloniaux français, à Paris ; M. Dartus (Léon), à Paris ; Directeur du service de santé de Madagascar, à Tananarive ; M. Dorvault (Francis), à Paris ; Institut Pasteur, à Tunis ; l'*Action Coloniale*, à Paris.

La *Dépêche Algérienne*, à Alger ; La *Dépêche Tunisienne*, à Tunis ; La *Revue Diplomatique et le Moniteur des Consulats*, à Paris ; L'*Echo d'Oran*, à Oran ; M. Lecore-Carpentier (L'*Indicateur Tunisien*), à Tunis ; Les *Questions Diplomatiques et Coloniales*, à Paris ; MM. Lorin (Henri), à Bordeaux ; Martin-Dupont, à Médéa (Algérie) ; Mazel (Léonard), à Saint-Denis (Algérie) ; *Recueil Général de Jurisprudence, de Doctrine et de Législation Coloniales*, augmenté de Jurisprudence Maritime, de la Tribune des Colonies et des Protectorats, à Paris ; MM. Robert (A.), à Bordj-bou-Arreridj (Algérie) : Schnerb (Jules), à Paris ; Service des travaux publics de La Réunion ; Société Coopérative des primeuristes d'Oran, à Oran; Société Française d'émigration des femmes, à Paris; La *Revue du Commerce Extérieur*, à Paris.

Diplômes de médaille d'argent. — *Annuaire du Cambodge*, à Paris; MM. Bel (Jean-Marie), à Paris; Blocq (Louis), à Paris; Bouldouyre (Henri), à Alger; Dominique (Léon) et Baroni (Henri), à Alger; Garsault (Gabriel), à La Réunion; Galinet (Louis-Pascal), à Palestro (Algérie); Garnier (René) (*Revue Nord-Africaine*), à Alger; Girault (Joseph-Arthur), à Poitiers; *Guide Annuaire Illustré de la Cochinchine*, à Paris; la *Dépêche Sfaxienne*, à Sfax (Tunisie); la *France de Demain*, à Paris; l'*Année Coloniale*, à Paris; la *Revue Commerciale et Coloniale de Bordeaux et du Sud-Ouest*, à Bordeaux; l'*Avenir du Tonkin*, à Hanoï (Tonkin); le *Courrier d'Extrême-Orient*, à Paris; le *Journal d'Agriculture Tropicale*, à Paris; le *Journal des Colonies*, à Marseille; le *Phare de Port-Saïd*, à Port-Saïd; le *Répertoire général du Commerce national et international* (France-colonies), à Paris; l'*Indépendance Tonkinoise*, à Hanoï (Tonkin); MM. Mac-Auliffe (Dr J.-M.), à Cilaos (île de la Réunion); Robert (Jocelyn), à Saint-Denis (île de la Réunion); Salaun de K/Marcal, à Saint-Denis (île de la Réunion); Société des ingénieurs coloniaux, à Paris; Sous-inspecteur chef de la circonscription agricole du Centre, à Nanisana (Tananarive).

Diplômes de médaille de bronze. — MM. Colson (Léon), à Saint-Louis (île de la Réunion); Dorez (Alphonse), à Saint-Eugène (Algérie); Ellisen (Robert), à Paris; la *Giberne*, à Paris; la *Renaissance Nord-Africaine*, à Tunis; la *Revue française de l'Etranger et des Colonies*, à Paris; la *Revue générale des Colonies*, à Paris; la *Vérité de la Guadeloupe*, à Pointe-à-Pitre; le *Courrier de la Guadeloupe*, à Pointe-à-Pitre; le *Journal d'Abou-Naddara*, à Paris; le *Journal de Bizerte*, à Bizerte (Tunisie); le *Midi Colonial*, à Marseille; le *Petit Bizertin*, à Bizerte (Tunisie); les *Annales Coloniales*, à Paris; les *Annales Diplomatiques et Consulaires*, à Paris; le *Réveil Colonial*, à Paris; le *Sémaphore Algérien*, à Alger; MM. Reinach (Lucien de), à Paris; Villèle (Auguste de), à Saint-Denis (île de la Réunion).

Diplômes de mention honorable. — MM. Darboi (Henri), à Tunis; Deconcloit, à Tunis.

2° Collaborateurs :

Diplômes de grand prix: — M. Crozier (François), Commissariat spécial des Colonies françaises et pays de protectorat à Liège; Hugon, Direction de l'agriculture et du commerce, à Tunis.

**Diplômes d'honneur.** — Auricoste, Office Colonial; Boutteville (H.), Inspection générale des Travaux Publics des Colonies, à Paris; Brice (René), ministère des Affaires étrangères, Paris; Les Charpentiers de Paris, commissariat spécial des Colonies Françaises et Pays de protectorat à Liége; Decron (Léopold), Commissariat spécial des Colonies françaises et pays de protectorat à Liège; Dybowski (Jean), Inspection générale de l'agriculture coloniale et direction du Jardin colonial, à Nogent-sur-Marne; Gourbeil (Maurice), Service géographique (ministère des Colonies), à Paris; Dr Kermorgant, Direction du service de santé des Colonies, à Paris; Lefebvre (Charles), Commissariat spécial des Colonies françaises et pays de protectorat à Liége; Lemoine, Gouvernement général de Madagascar, à Madagascar; Robert (Max), Gouvernement général de l'Afrique occidentale Française; Vivien (Paul), Syndicat de la Presse Coloniale, à Paris.

**Diplômes de médaille d'or.** — Almand, Inspection générale des Travaux publics des Colonies, à Paris; Chemin-Dupontès (Paul), Office Colonial, à Paris; Crépnt (Louis), Commissariat spécial des Colonies françaises et pays de Protectorat. à Liége; Decamp (Georges), l'Africaine (Société de Propagande), à Paris; Devos, Ministère des Colonies, à Paris; d'Estrées (Guillaume), Office colonial, à Paris; Guellier (Léon), Commissariat spécial des Colonies françaises et pays de Protectorat, à Liége; Guillemoto, Inspection générale des Travaux Publics des Colonies, à Paris; Guyon, Inspection générale des Travaux Publics des Colonies, à Paris; Houdaille, Inspection générale des Travaux Publics des Colonies, à Paris; Janiaud (Mlle Gabrielle), Les *Actualités Diplomatiques et Coloniales*, à Paris; Luquin (Edmond), Commissariat spécial des Colonies françaises et pays de Protectorat, à Liége; Maria (Aristide-Bernard), Direction de l'Agriculture et du Commerce, à Tunis; Monnier (Louis), Commissariat spécial des Colonies françaises et pays de Protectorat, à Liége; Mourey, Office Colonial, à Paris; Perrier (Edmond), Muséum d'Histoire Naturelle, à Paris; Proust (Th.), Comité d'Hivernage, à Tunis; Raynaud (Louis), Commissariat spécial des Colonies françaises et pays de Protectorat, à Liége; Roll (Henry), Commissariat spécial des Colonies françaises et pays de Protectorat, à Liége; Roques, Inspection générale des Travaux Publics des Colonies, à Paris; Salesses, Inspection générale des Travaux Publics des Colonies, à Paris; Vitors (Th.), Commissariat spécial des Colonies françaises et pays de Protectorat, à Liége; Wolfrom (G.), Direction de l'Agriculture et du Commerce, à Tunis.

**Diplômes de médaille d'argent.** — MM. Alleau (Eug.) La *Revue du Commerce Extérieur*, à Paris; Dr Binet (E.), Comité de propagande de l'Afrique Occidentale française, à Paris; Blanchet (Charles), Commissariat spécial des Colonies françaises et pays de Protectorat, à Liége; Bouchot-Plainchant (Michel), Commissariat spécial des Colonies françaises et pays de Protectorat, à Liége; Calmel, Inspection générale des Travaux Publics des Colonies, à Paris; Cotard (Léopold), La *Revue du Commerce Extérieur*, à Paris; Bourgues (René de), Compagnie des Tramways de Tunis; Delpech (Justin) (dit la Roncière), l'*Africaine*, Revue de l'Afrique latine, à Paris; Reinach (Lucien de), Commissariat spécial des Colonies françaises et pays de Protectorat, à Liége; Gaillard, Ministère des Colonies, Paris; Giraud (Mme Vve), Maison Migeon, Julien-Auguste, à Paris; Grisard, Office Colonial, à Paris; Kuhwarth (Félix), Association Cotonnière Coloniale, à Paris; « Le Travail », Société ouvrière d'entreprise générale de peinture; Commissariat spécial dee Colonies Françaises et pays de Protectorat, à Liége; Migeon fils (Eugène), Maison Migeon (Julien-Auguste), à Paris; Migeon (Julien), Comité de propagande de l'Afrique Occidentale française, à Paris; Otten (J.), Association Cotonnière Coloniale; Poisson (Eugène), Association Cotonnière Coloniale; Premont, Association Cotonnière Coloniale; Quesnel, Association Cotonnière coloniale; Wellhoff et Roche, *Les Actualités Diplomatiques et Coloniales*, à Paris.

**Diplômes de médaille de bronze.** — MM. Bernard (Francis), Association Cotonnière Coloniale; Billaud (G.), Association Cotonnière Coloniale; Bourdarie (Paul), Association Cotonnière Coloniale; Burgert, Association Cotonnière Coloniale; Du Bois (Fritz), Les *Actualités Diplomatiques et Coloniales*, Paris; Fréville (Georges), Syndicat de la Presse Coloniale, à Paris; Herscher (Gustave), Association Cotonnière Coloniale; Jacquey (Eugène), Association Cotonnière Coloniale; Maine, Association Cotonnière Coloniale; Meunier (Charles), Association Cotonnière Coloniale; Sage, Office Colonial; Schlumberger (Raoul), Comité d'Hivernage, à Tunis; Union des Sculpteurs mouleurs français, Commissariat spécial des Colonies françaises et pays de Protectorat, à Liége.

**Diplômes de Mention honorable.** — Armandon (Jean), Association Cotonnière Coloniale; Giot (Jean), Association Cotonnière Coloniale; Langlois (Mme), Office Colonial, Paris.

3° Coopérateurs :

**Diplômes de médaille de bronze.** — MM. Belkassem Ben Mohamed, Direction de l'Agriculture et du Commerce, à Tunis; Garnier (Victor), Auguste), Commissariat spécial des Colonies françaises et pays de Protectorat, à Liége; Kemler (Alphonse), Compagnie des Tramways de Tunis; Lhotte (Gustave-Louis), Maison Migeon, Julien-Auguste, à Paris; Mohamed Ben Salem, Direction de l'Agriculture et du Commerce, à Tunis; Parisien (Louis), Commissariat spécial des Colonies françaises et pays de Protectorat, à Liége ; Vandevoorde (Emile), Maison Dartus, Léon, à Paris.

**Diplôme de mention honorable.** — Flesch (Edmond), Maison Dartus, Léon, à Paris.

## CLASSE 118

# Matériel Colonial

JURY

(*Membres français*)

MM. A. FARCOT, *vice-président.*
G. HERMENIER, *membre.*
J. VUILLEMIN, *membre suppléant.*

## RÉCOMPENSES

1° Exposants :

**Hors concours.** — MM. Farcot frères et Cie, à Saint-Ouen (Seine); Société française des Téléphones, système Berliner, à Paris.

**Diplômes de grand prix.** — Compagnie du chemin de fer de Dakar à Saint-Louis (Sénégal), à Paris ; MM. Henry (René), à Paris ; Porte (Léon), à Paris ; Société des ponts et travaux en fer, à Paris.

**Diplômes d'honneur.** — MM. Borderel (Jean), à Paris ; Gillet (G.), à Paris ; Lavezzari (André), à Paris ; Rotival (Jules), à Paris.

**Diplômes de médaille d'or.** — MM. Bérault (E.), à Paris ; Durand (P. et B.), à Paris ; Fontaine-Souverain (Denis), à Dijon ; Rondet, Schor et Cie, à Paris ; Société anonyme de traction automobile, à Paris.

**Diplômes de médaille d'argent.** — Compagnie des constructions démontables hygiéniques, à Paris ; MM. Morin (L.), à Reims ; Nizard frères, à Tunis ; Pascal (Joseph), à Saint-Cloud (Algérie).

**Diplômes de mention honorable.** — MM. Gebhardt (Adolphe), à Azazga (Algérie) ; Sensé (L.), à Saint-Denis (Ile de la Réunion).

2° Collaborateurs :

**Diplômes d'honneur.** — Edelman, maison Farcot frères et Cie, Saint-Ouen (Seine) ; Vuillemin (Jules), Société française des téléphones, système Berliner, à Paris.

**Diplômes de médaille d'or.** — Bergeron (Louis), maison Farcot frères et Cie, à Saint-Ouen (Seine) ; Bion (Paul), maison Farcot frères et Cie, à Saint-Ouen (Seine) ; Fortmuller, Société française des Téléphones, système Berliner, à Paris ; Labilotière (Edouard), maison Farcot frères et Cie, à Saint-Ouen (Seine) ; Monfils (Léon), maison Borderel, Jean, à Paris ; Pesme (Henri), Société des ponts et travaux en fer, á Paris ; Ricaux (Ferdinand), maison Henry, René, à Paris.

**Diplômes de médaille d'argent.** — Boissière (Auguste), maison Rotival, Jules, à Paris ; Gillet (G.) fils, maison Gillet, G., à Paris ; Prudon (Eugêne), Société des ponts et travaux en fer, à Paris ; Vinay (Louis), maison Fontaine-Souverain, Denis, à Dijon.

3o Coopérateurs :

**Diplômes de médaille de bronze.** — Alexandre (Alfred), maison Fontaine-Souverain, Denis, à Dijon ; Delisle, Société des ponts et travaux en fer, à Paris ; Fremont (Edmond), maison Henri, René, á Paris ; Hunnibal, Société française des téléphones, système Berliner, à Paris ; Jô (Jean), maison Borderel, Jean, à Paris : Labanèse (Eugène), maison Henry, René, à Paris ; Ringenbach, maison Lavezzari (André), à Paris ; Sudron, Société des ponts et travaux en fer, à Paris.

## CLASSE 119

# Produits spéciaux

### Destinés à l'Exportation dans les Colonies

JURY

(*Membres français.*)

MM. Paul BESSAND, *président*;
Léon FOULD, *membre titulaire*;
Paul FRAENCKEL et MALESSET, *membres suppléants*.

## RÉCOMPENSES

1° Exposants :

**Hors concours.** — MM. Belleau (Désiré), à Reims; Bessand père et fils, Stasse et Cie (Belle Jardinière), à Paris; Caussemille jeune et Cie, et Roche et Cie, à Paris; Fraenckel-Blin, à Elbeuf (Seine-Inférieure).

**Diplômes de grand prix.** — MM. Bezagu (L.) et Cie, à Cognac et à Bordeaux; Le Carbone, Société anonyme, à Levallois-Perret (Seine); MM. Priou et Ménétrier, à Paris, Ricqlès (de) et Cie, à Saint-Ouen (Seine); Sabatier (Louis-Thomas-Paul), à Paris; Schwob (André), à Héricourt (Haute Saône); Société des brasseries de la Méditerranée, à Marseille; MM. Vincent et Cie, à Paris; Artaud (J.-B. et A.), à Marseille; Audinet et Buhan, à Bordeaux; Confiturerie de Saint-James, à Paris; MM. Robin (Maurice), à Paris; Grison, Kegel et Cie, à Paris.

**Diplômes d'honneur.** — Compagnie de fabrication française du papier manufacturé, au Parc-Saint-Maur (Seine); Compagnie française pour l'industrie de la perle, à Chauny; MM. Deffins, à Paris; Gaveau frères, à Paris; Isnard (Pierre) et fils, à Nice; Jacquemin (Georges), à Malzéville, près Nancy; Portcu (Léon), à Rennes (Ille-et-Vilaine); Trouette (Edouard), à Paris.

**Diplômes de médaille d'or.** — MM. Bouchety (Léon), à l'Etang-la-Ville (Seine-et-Oise); Brunet (B.), à Paris; Carrière (E.-V.-C.), à Paris; Dauvergne (Georges), à Meaux; Fichot-Landrin, à Paris; Lévi frères, à Paris; Manufacture centrale de bandages, à Commentry (Allier); MM. Marco Hemsi, à Paris; Société L. Stern et C^ie^, à Orbec (Calvados); Tarpin, à Reims; Verluise et Pérol, à Paris; Vollant (A.), à Paris.

**Diplômes de médaille d'argent.** — MM. Abélé (Henri), à Reims; Bessand (A.), à Reims; Bourgeois (E.), à Reims; M^me^ veuve Broux et fils, à Paris; MM. Chevretin et Lematte, à Paris; Demelle (Albert), à Loué (Sarthe); Joubert (C.), à Paris; Nouguier (Henri), à Lodève (Hérault); Pearson (Edouard-Théodore), à Paris; Peltot et fils, à Paris; Perrault (F.), à Brézé (Maine-et-Loire); Raynaud, à Paris; Sauvinet (Henry), à Malakoff (Seine).

**Diplômes de médaille de bronze.** — M^lle^ Caron (Marie), à Paris; MM. Orillard (P.), propriétaire de la Haute-Chaumière (Indre-et-Loire), à Paris; Pelletier (E.), à Marseille.

2° Collaborateurs :

**Diplômes d'honneur.** — MM. Bigorne (Louis-Emile), Bessand père et fils, Stasse et C^ie^ (Belle Jardinière), à Paris; Brecheissen (Frédéric), Fraenckel-Blin, à Elbeuf (Seine-Inférieure).

**Diplômes de médaille d'or.** — MM. Alliot (Henri), Jacquemin (Georges), à Malzéville, près Nancy; Breicheissen (Charles), Fraenckel-Blin, à Elbeuf (Seine-Inférieure); Gindre (Eugène), « Le Carbone », Société anonyme, à Levallois-Perret; Ruffin (Georges), Bessand père et fils, Stasse et C^ie^ (Belle Jardinière), à Paris; Schwab (Albert), Société des Brasseries de la Méditerranée, à Marseille; Stierlin (Charles), Société des Brasseries de la Méditerranée, à Marseille; Swensen (C.-A.), Bekout et C^ie^, Tonnart (André), « Le Carbone », Société anonyme à Levallois-Perret.

**Diplômes de médaille d'argent.** — MM. Boos (Frédéric), Fraenckel-Blin, à Elbeuf (Seine-Inférieure); Demuche (Edouard), Fraenckel-Blin, à Elbeuf (Seine-Inférieure); Granville-Strauss, Compagnie de Fabrication française du papier manufacturé, au Parc-Saint-Maur; Hauser (Georges), Fraenckel-Blin, à Elbeuf (Seine-Inférieure); Horent (Denis), Fraenckel-Blin, à Elbeuf (Seine-Inférieure); Isnard (Adolphe),

Isnard père et fils, à Nice; Janiaud (Mlle), Maison Brunet (B.), à Paris; Lambritte (Joseph), Fraenckel-Blin, à Elbeuf (Seine-Inférieure); Larchet (Mme), Carrière (E.-V.-C.), à Paris; Levaque (Jules), Grison, Kegel et Cie, à Paris; Levigier, Compagnie de fabrication française du papier manufacturé, au Parc-Saint-Maur; Martin (Eugène), Priou et Ménétrier, à Paris; Schmitt (Charles), Fraenckel Blin, à Elbeuf (Seine-Inférieure); Tetaert (Ernest), Carrière (E.-V.-C.), à Paris; Ulibarri, Compagnie française pour l'industrie de la perle, à Paris.

**Diplômes de médaille de bronze.** — Amaudru (Just), maison Brunet (B.), Paris; Cabée (Léon), « Le Carbone », Société anonyme à Levallois-Perret; Charton, « Le Carbone », Société anonyme à Levallois-Perret; Christman (Jules), « Le Carbone », Société anonyme à Levallois-Perret; Gissler (Charles), Fraenckel-Blin, à Elbeuf (Seine-Inférieure); Gremont (Henri), Fraenckel-Blin, à Elbeuf (Seine-Inférieure); Hausser (Jacques), Fraenckel-Blin, à Elbeuf (Seine-Inférieure); Ostermann (Charles), Fraenckel-Blin, à Elbeuf (Seine-Inférieure); Ronand fils, Porteu (Léon), à Rennes (Ille-et-Vilaine); Saint-Ouen, Fraenckel-Blin, à Elbeuf (Seine-Inférieure); Sarda, « Le Carbone », Société anonyme à Levallois-Perret; Valenta (François), Grison, Kegel et Cie, à Paris.

# TABLE DES GRAVURES

## PORTRAITS



## *ILLUSTRATIONS*

HORS-TEXTE

# TABLE DES MATIÈRES

IMPRIMÉ

par

WELLHOFF & ROCHE

sous la direction

des *ACTUALITÉS DIPLOMATIQUES ET COLONIALES*

J.-L. BRUNET, Directeur

www.ingramcontent.com/pod-product-compliance
Ingram Content Group UK Ltd.
Pitfield, Milton Keynes, MK11 3LW, UK
UKHW051019210726
13857UKWH00006B/606